五院弦歌

——四川大学在峨眉

WUYUAN XIANGE

SICHUAN DAXUE ZAI EMEI

四川大学
政协峨眉山市委员会 ◎组编
峨眉学研究会

陈廷湘　吕　毅 ◎编著

四川大学出版社
SICHUAN UNIVERSITY PRESS

项目策划：何　静
责任编辑：何　静
责任校对：周　颖
封面设计：墨创文化
责任印制：王　炜

图书在版编目（CIP）数据

五院弦歌：四川大学在峨眉 / 四川大学，政协峨眉
山市委员会，峨眉学研究会组编；陈廷湘，吕毅编著
. — 成都：四川大学出版社，2021.10
　ISBN 978-7-5690-4128-6

　Ⅰ．①五… Ⅱ．①四… ②政… ③峨… ④陈… ⑤吕
… Ⅲ．①四川大学—校史 Ⅳ．① G649.287.11

中国版本图书馆 CIP 数据核字（2021）第 005888 号

书名	五院弦歌——四川大学在峨眉

组　编	四川大学　政协峨眉山市委员会　峨眉学研究会
编　著	陈廷湘　吕　毅
出　版	四川大学出版社
地　址	成都市一环路南一段 24 号（610065）
发　行	四川大学出版社
书　号	ISBN 978-7-5690-4128-6
印前制作	四川胜翔数码印务设计有限公司
印　刷	成都东江印务有限公司
成品尺寸	170mm×240mm
印　张	14.5
字　数	236 千字
版　次	2021 年 10 月第 1 版
印　次	2021 年 10 月第 1 次印刷
定　价	68.00 元

◆ 读者邮购本书，请与本社发行科联系。
　 电话：(028)85408408/(028)85401670/
　 (028)86408023　邮政编码：610065
◆ 本社图书如有印装质量问题，请寄回出版社调换。
◆ 网址：http://press.scu.edu.cn

四川大学出版社
微信公众号

凡 例

1. 本书所用全部原始资料来源于峨眉山市档案馆藏民国档案，四川大学档案馆藏民国档案，民国时期刊印的《国立四川大学校刊》。

2. 国立四川大学南迁峨眉长达近四年，原始资料随时而成，散见于档案、期刊中，十分稀少和宝贵，仅进行原文摘取、转录无法呈现国立四川大学在峨眉期间的风貌。故本书以时间为序，以能形成相对独立版块的资料集为章节内容，在此基础上对散乱资料进行编著，以尽可能系统、全面、生动地向读者展现川大南迁峨眉的历史。

3. 原始资料均在民国时期形成并保留至今，其语言风格、文体、字体与现代阅读习惯迥异。为方便读者阅读，本书在保留资料原意基础上，对资料原文行文风格做出了适当调整。

4. 对诗文、词赋、对联等完整独立作品，除无法辨识的文字以缺字符号"□"表示之外，不对原文进行调整、修改，以保留原始文趣。

序

1939—1943 年，四川大学南迁峨眉办学近四年时间。这是峨眉山地方的一件大事，也是四川大学一百多年办学史上具有特殊意义的一个发展阶段。

川大迁峨办学尽管与抗战时期东部高校内迁有所区别，但从总体上看，亦是抗战时期高校内迁洪流的组成部分。战时高校内迁是伟大的中国人民抗日战争历史上的重大事件，也是人类教育发展历史上绝无仅有的一大奇观。1937 年"七七事变"后，中国 90％以上的高校不同程度地受到日本军国主义发动的大规模侵华战争的威胁和破坏。为避免中国高等教育毁于战火，华北、华东、华中等地区的高校纷纷西迁。其中，内迁大西南的高校即有 56 所。北京大学、清华大学、南开大学、中央大学、复旦大学、武汉大学等众多中国名校先后内迁西南办学，形成了人类有史以来未曾有过的高校为战争所迫而大规模内迁的大潮。这个跃然于史册的大事件既是日本军国主义反人类反文明罪恶的记载，也是见证中华民族不畏艰难险阻保卫民族文化生命、延续中华文明发展进程的历史丰碑。

四川大学在抗战最困难时期南迁峨眉办学的因素尽管较为复杂，但主旨仍是避免日本侵略者的空军轰炸，迁往安全的峨眉继续办学，为民族复兴培育人才。而且，在南迁办学过程中，四川大学接收了大批避乱入川的战区学子入校就读，为战时华北、华东、华中等地区高等教育西迁后的发展做出了重大贡献。四川大学迁峨办学无疑应载入抗战时期中国高校内迁的史册。事实上，已经写入史册的四川大学迁峨办学这一页，具有照亮峨眉，照亮川大，并与整个战时内迁高校史册的每一页共同照耀中华历史天空的光华！历史不会湮没这一事件，四川大学生生不息的后辈学人，峨眉世代相续的芸芸众生，乃至整个中华民族的子孙后代都不应该忘记这一事件。

　　为了进一步发掘川大南迁峨眉办学这一历史事件，向世人展示川大迁峨的历史面貌与重大意义，我们编成《五院弦歌——四川大学在峨眉》一书。本书在全面搜集峨眉山市、乐山市和四川大学档案馆所藏四川大学南迁峨眉和迁返成都以及在峨眉办学近四年所存档案的基础上编成。川大在峨期间，尽管环境艰苦、条件简陋，但办学规模仍有较大扩充，到1942年已扩大为五大学院二十三系，这不能不说是辉煌的历史功业。五大学院在峨办学留下了数量极大的历史档案文献。其中最多者为学籍、教学、课程、学生信息档案，各类档案都具有珍贵的史料价值。本书不可能全面收录如此海量的历史档案，只能选择其中能基本反映川大迁峨整体面貌和广大师生在峨工作、学习、生活与精神面貌的部分档案文献编辑成册。全书分为"国危学难　筹备迁峨""新境新风　峨眉生活""专注学业　兴办社团""办校育民　校地共融""名家讲演　以飨学子""诗词佳话　情景交映""迁返成都　继往开来"七部分。不须赘述，单就这些篇目，已能全面展示一所大学办学事业的完整结构。从南迁峨眉到迁返成都，从教学科研到艰苦生活，从校务发展到地方办学，从公益事业到社团活动，从名家讲演到诗词唱和，战时川大迁峨办学事业发展，成就辉煌；师生教学相长，学术精进；生活艰辛而多彩，活动多样而丰富；名家开坛阐高论，诗人登高竞放歌。战时川大的峨眉风貌多侧面、多层次、多角度地呈现于书中，精彩纷呈。

　　编辑本书的初衷是展示四川大学抗战时期迁峨办学的史实与多种面貌，使抗日战时期川大师生与峨眉人民协力兴教，共维时艰和发展战时文化的历史业绩，不致因年代久远而湮没无闻，并以此激发学人对川大迁峨办学这段历史的研究兴趣，产生更多学术成果，不断把中国人民抗日战争恢宏画卷的一角转化为精神财富传承给子孙后代。书稿出版以后，如能实现上述目标之点滴，即是编者的一大幸事。

陈廷湘

2019年10月

目　录

国危学难
筹备迁峨

日寇空袭蓉城危

抗日战争时期，日军对成都进行了多次轰炸。自1938年11月8日日军首次袭扰、轰炸成都开始，至1944年11月止，长达六年的时间中，成都至少遭受轰炸31次。日军对成都的政治、经济、商业中心，甚至平民居住区、学校医院、外国使领馆均采取无差别轰炸，其间出动飞机921次，投弹2455枚，造成5337人死伤，炸毁房屋15208间。其中以1939年6月11日、1940年7月24日和1941年7月27日三次轰炸最为惨烈。1939年6月11日，日军总共出动54架次飞机，一半轰炸成都，另一半轰炸重庆，111枚炸弹、燃烧弹齐下，成都盐市口、东大街、南大街及新南门等处惨遭轰炸，火光冲天，无辜百姓死亡226人，受伤600余人，房屋损坏6057间。当时四川大学农学院助教陈德铨及学生杨勋、罗贤举、殷维明、李远涛、孙相炯、沈兆燕、温瑞珉、陈容德、卿厥、刘璧、王秋成、余辑五、何高健、粟宗昆、姚在藩、钟哲存、张振藩、蔡定炽、梁桂恒、李正英、彭明纶、虞普庆、储希吾等人仓促之际奋不顾身，自动整队前往新南门外及城内灾区参加救护，救出多人。

自从1939年"6·11"成都遭空袭后，成千累万的市民像惊鸟般向城外疾飞，"飞机来了""到城外""进防空洞""疏散"……哭喊声弥漫着整个城市，揪着每个人的心。全城的房屋烧去了十分之一以上，财货的损失计达千万之多，商店关门闭户，政府机关停止办公，学校也提前放假，繁华的都市变得萧条凄惨！但同时也加速了后方人民抗战意识的觉醒！

依依不舍恋蓉城

抗战时期，四川大学校址在成都中心古老庄严的皇城内，是十分显著的空袭目标。为了保存、延续文化的种子，四川大学于1939年上学期结束后准备迁往距离成都150多公里外的峨眉山。

国立四川大学于1931年9月由前国立成都大学、国立成都师范大学及公立四川大学之中国文学院、外国文学院、法政学院合并而成，设文、理、法、教育四学院。1933年3月，教育学院并入文学院。1935年，合并四川省立农学院和重庆大学文学院及农业化学系，形成文、理、法、农四学院，分设15个学系。

川大学子，谁不知道蓉城和四郊的可爱，优美的环境没有一个人会感到厌倦。春天里，柳枝嫩绿，梧叶翠碧，在温暖的阳光下，露出了妩媚的笑容。不久，那鲜艳的桃花也在醉人的风里怒放了，深红的、淡红的、雪白的，在桥边、在河畔、在突凸的小丘上，或在私家的林园中，蓉城变成了一个"花"的世界。

青年男女爱好城北的小店和古老的昭觉寺，城南雄伟的武侯祠、迷人的华西坝和青春岛，城西八里外的草堂和百花潭、二仙庵。我们不能忘记东门外的望江楼是成都郊外第一公园，里面有茶馆、食店、照相馆和薛涛井。这儿可以听到清脆悦耳的鸟声，可以看见波涛滚滚的江流。沿江岸数里，浮泛着一片青翠树林和各种各样的奇花异草，这便是当时四川大学农学院的农场。如遇天晴，可泛一叶扁舟逐水东流。攀登狮子山，可以看见远处浅蓝的天边，可以望见雄伟的城池。城内少城公园有广阔的球场、高耸的革命纪念塔、图书馆、陈列室、动物园、影院、餐厅、茶馆。街道以春熙路、总府街、祠堂街最为热闹，熙来攘往，人迹不绝。川大学子更无法忘记，那雄壮高拱的"三洞"是我们的校门，顶上写着斗大的黑色"国立四川大学"六字。宫殿式的明远楼，介于堂皇而幽敞的至公堂和校门之间。学校中央，有广平的运动场，两端分别为文、法学院。

每到了春季运动会的时节，拥有强壮身躯、健美体态的川大学子，便会穿着轻薄的运动衣，于运动场上充分显露其青春的活力。月明星稀的良夜，一对对男女同学有的在空旷的操场出现，有的在那儿密语，有的在那儿唱歌。幽静的校园充满快乐的气氛，使人沉醉！

在祖国大西南光明的天宇下，川大正闪耀着她那璀璨的光辉。可是，可恨的日寇侵略，逼迫川大师生外走他乡，又怎能使人不黯然地怀念着成都呢！

迁峨筹备详计划

　　四川大学由成都疏散至峨眉山的动机，一说是为避免遭受空袭损失，保全师生和财物安全，避免无谓牺牲；另一说是成都所受空袭强度并不足以迫使川大搬迁，但蒋介石为加速"地方中心化"，特别派出国民党"CC系"要员接掌各地方大学权力。1938 年 12 月，国民政府教育部长陈立夫亲信程天放由国民政府四川省党务训练主任转任四川大学校长。原任代理校长张颐是一位学者，比起政客程天放更受师生欢迎。程天放初长川大后，一些教授主动离职川大，如当时的文学院院长朱光潜，另一些院长、教授被程天放排挤或撤换。程天放为加强自身权威，借口避免轰炸、保护学校安全向教育部申请，将川大本部及文、理、法三院迁至峨眉。

　　不论事情缘起如何，抗战以来，国立四川大学为全国最完整的高等学府，图书仪器未受损失，教师学生一向安全，为防患于未然，趁早迁至安全之地是为首选。选择迁移到峨眉山，学校考虑到：首先，教育部核准之迁移费。可做较远距离的迁移，到峨眉山后借用当地寺庙房屋和就地伐木取材新建校舍，都较为实惠方便。其次，为适应长期抗战，须做比较长久的迁移打算，疏散到安静的山中，环境清幽，尘嚣隔绝，适宜讲学求学。四川大学为西南最高学府，迁到此间，名山学府，相得益彰。再次，峨眉山虽为天下名山，但也属偏僻之地，日军轰炸价值不大，安全可得保证。

　　四川大学迁移到素来与其没有任何联系的峨眉山，绝非短时间内所能办到。1939 年 5 月 14 日，程天放率队亲往峨眉山详细勘察，和当地僧人、士绅和官员进行了初步接触。峨眉山庙宇虽多，但适合作为大学教室、图书馆、实验室的甚少，所以解决四川大学在峨眉山的办公场所、教室、学生和教职员宿舍及教学设施、后勤设施等问题十分棘手。

国立四川大学1939年上半年校务行政工作情形简明报告表，主要内容为文法理学院迁峨筹备及农学院留蓉事宜。①

当时四川大学图书馆所藏中文书籍已达十二万册，外文书籍已有两万余册。定期刊物中，西文共有五百余种。日报方面，沪、港、渝、蓉中外

---

① 《国立四川大学1939年上半年校务行政工作情形简明报告表》，1939年，四川大学档案馆藏。

文报纸共有十余种。各种数理化仪器有千余件，相当充实。为保存本省文献及办理各种文化专业起见，当时四川大学开办有一小规模博物馆，将平时搜集的重要文献、文物一一陈列，以供参观、研究，这些图书、展品如何组织搬迁、安放是一个大的问题，更不用说学校教学、师生生活。

程天放返回成都后，组设临时迁移委员会主办迁移事务。该会以秘书长、各科室、图书馆、体育部、军训室主任及各学院代表为委员，由秘书长傅况麟负召集责任。1939年5月22日下午迁移委员会举行第一次会议，商讨学校各院系、职能部门在峨眉山的驻地划分、房屋分配。暂定四川大学本部办公处及文、法两学院院址设于伏虎寺，理学院院址设于保宁寺，教职员宿舍设于报国寺，并划定伏虎寺、报国寺、保宁寺、万行庄为主要校区，所需要的房屋尽量利用寺庙原有房屋加以修葺，并对如何依托峨眉山天然地势地貌改造教学设施等做了详细布置，除尽量利用原有寺庙和设施外，拟兴建房屋数座，在成都招标建筑公司前往峨眉山建造，以备应用。另外，议决即日起开始动员在成都校区装运办公、教学及生活物资，计划在六月底搬迁完毕。在搬迁委员会下设总务、装备、运输、工务四股，各设正、副主任分别开展各该股事务：总务股主任廖季登，副主任唐仲侯；装备股主任郑衍芬，副主任桂质柏；运输股主任宋君复，副主任何武臣；工务股主任杨介眉，副主任钟治，并委派黄庆之为驻峨校办事处干事。

> 郑衍芬先生，字涵清，浙江慈溪人，理学院物理学系教授兼主任。南京高等师范数理化本科毕业，国立东南大学理学士，美国斯丹佛大学物理学博士，历任南高及东大助教及教员，国立清华大学教员，美国斯丹佛大学研究助教，开封中州大学教授、国立浙江大学教授，国立暨南大学教授，上海大同大学教授兼物理系主任。[①]

迁校事务繁杂，许多实际问题，仍需再做仔细规划。6月初，四川大学临时迁移委员会秘书长傅况麟和理学院院长张洪沅、物理系主任郑衍芬、图书馆主任桂质柏、工程师杨介眉、军事教官郭卓先及文法两院代表

---

① 《校闻：物理系教师题名郑衍芬先生》，《国立四川大学校刊》，1940年第8卷第3期，第8—9页。

傅养恬、钟佩镕等一行八人，乘公路局汽车赴峨。到达峨眉后住在峨神庙的峨山旅行社，与当地机关、社团领导再次接洽，报告报国寺、伏虎寺分配的各学院住地，确定教室位置，并对运输问题、人工问题、建筑时间问题、教职员住宅问题、安全问题、经济问题、房舍分配问题、食料问题、医药问题等加以详细考虑和商讨，拟订各种计划，以减少困难，确保迁校事宜顺利进行。川大在峨眉县城举办招待会，宴请当地机关、社团领导及士绅等。峨眉县长沈功甫、征收局长萧丽生、邮政局赵局长、电报局陶局长、党部书记长黄简门、财务委员长李怡和、女师校长陈永相、二科科长汪策安、三科科长宋星桥、兵役科长吴泽铭、商会主席曾康侯、工会主席冯峨生、农会主席程治安，及士绅陈子丕、杨瑞五、尹相臣等数十人到场。由傅况鳞正式报告四川大学校迁峨眉的意义，以及将来如何启发当地文化、造福乡村及抗战建国中大学教育之重要性等，语极恳挚，蔼蔼动人。末由各机关法团首长相继发言，俱对本校迁峨极表欢迎，并愿极力协助云云。觥筹交错，宾主尽欢而散。此行对于迁校工作助益颇大。

然按搬迁计划时间上显得十分局促，程天放于 1939 年 6 月 10 日再次召集秘书处及文理法三院全体职员在成都开会，学校迁移委员会及各学院科室职员五十余人参加。会议要求教职工"在此国难严重期间，敌机威胁之下，认清文化事业学术工作与抗建关系之重要，刻苦耐劳，努力工作，以期迁校事宜早日完毕，使学校得以恢复常态"。同时根据前次与峨眉地方商讨情况，决定在伏虎寺内新建大小教室及图书阅览室，计划建造大小教室共 24 间，图书馆 1 栋，议定价格以房屋地面 1 英方丈为标准，每方计国币 105 元，暂以 180 方计算，总价为 18900 元整。在保宁寺内新建大小教室 16 间，议定价格以房屋地面 1 英方丈为标准，每方计国币 98.8 元，暂以 106 方计算，总价为 10472.8 元整。两项工程在六月底动工，限于八月底全部交工，以便按期开学。

峨眉山林业试验场致四川省农业改进所呈文，就川大拟在伏虎寺附近修建大礼堂、运动场和其他大小房舍有关的地点商洽、树木砍伐等情况做了汇报。①

---

① 《峨眉山林业试验场致四川省农业改进所呈文》，第 11 号卷字第 3 号，1928 年 8 月 26 日，峨眉山市档案馆藏。

提前返校赴峨眉

1939 年下学期开学临近，师生提前返校，收拾教具行李，正式踏上迁移之路。在晨光曦微中，一切都是静寂的，我们悄悄地离开了战时文物荟萃的成都，黯然地告别了古老雄壮的皇城，向着那陌生而辽远的征程迈进！

乘着学校雇的最后一批木船，向嘉定（今乐山）前进。船刚开动，滂沱的大雨不断地泻下，只好等到雨过天晴。同船的有十五个同学，女的八个，男的比他们少一个。这里有研究文学的、数理的、工程的和政治经济的同学。大家谈笑风生，毫无拘束，划除了男女界限，打破了生疏与隔膜。在这同舟共济，命运攸关的关头，大伙儿的心融成了一片！炙热的烈日下，清凉的江风把一个个吹得柔软的像羔羊一样。躺在铺上，有的从梦中醒过来，在看书、谈天……打破了一片沉寂。凝举两含远，青山如黛，水天相接。波涛卷伏，细听船夫的清歌，水声息息作响，我们又呼呼地睡去。陶醉在自然界的美底下，这样有趣的日子是多么容易过去啊！

第一天下午约四点的光景，远远地可以看见乐山的城垣和江岸碧绿峭立的青山，乌尤寺和大佛寺也隐约地出现在我们的眼前。

到了嘉定，师生们下榻四川旅行舍。"八·一九"空袭，房屋烧毁了三分之二，全城舍无炊烟，只剩下残垣断壁，凄凉满目。路上无人行走，但有屋骨纵横，惨不忍睹！这更深深刺激了每一个人的心，使我们永远不会忘记那凶暴的敌人强加给我们的苦痛！

第二天清晨，我们离开了嘉定，向峨眉前进。在亢阳倦人的天宇底下，经过七十里的跋涉，到夕阳西下的傍晚，师生们才迈过峨眉城，沿着蜿蜒的马路，缓缓地来到学校。

当时大家对峨眉县城的印象极为模糊，但环绕着她的峨眉山，却闻名世界！

当时峨眉县城狭小，房屋也极平凡，不出五分钟就可兜个圈子。城内有乡村女师范一所、小学八所，人民文化程度不高，比较保守。每逢农历节日，冷清的县城渐渐热闹起来了，沿街叫卖之声此起彼伏，沿街售卖的商品琳琅满目，连晚狂欢的"龙灯会"的喧闹声划破了这清寂的小城。久居成都的川大师生刚到峨眉时不是很安逸，但那淳朴的民风、清洁的门市和青翠的峨山、碧绿的原野，衬出峨眉县城那玲珑质朴的可爱！

峨眉校舍星罗布

四川大学 1300 多名学生（除农学院 100 余人在成都），300 多名教授职员，像星点般地点布在雄奇秀丽的峨眉山下，到处可以发现他们的足迹。四川大学的校舍主要设在峨眉山脚下的几个大庙宇里，从峨眉县城的中正门到峨眉山脚下的报国寺，沿途的庙宇差不多都租给了川大做临时校舍。

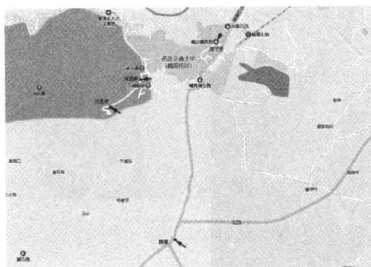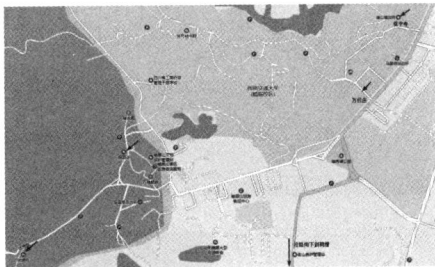

图 1　　　　　　　　　　　　图 2

图 1、图 2 为四川大学当时迁到峨眉后主要驻地分布示意图。新生院在鞠槽，与学校驻地相距较远。图 1 为川大迁峨后所有驻地分布示意图，图 2 为除鞠槽新生院外驻地分布示意图。

从城里步行到报国寺，首先要经过保宁寺和万行庄，这是理学院的所在地，理学院的教授住在幽静的保宁寺。报国寺、保宁寺、万行庄这三个地方很近，房子也够理学院用。庙舍的前后，都是广阔的田野，初秋的季节，极目无边的一片黄绿的颜色，交织成一幅优美的景色。

寺在峨眉山的寺庙里算是相当大的，可是一下子要容纳六七百人，自然不免拥挤一些。

除了图书馆、办公室和学生的寝室设在这里以外，在左右两侧新建了校医院和许多教室。伏虎寺因为建在山坡上，抬头便可以望见横在面前的峨眉山、围绕在四周的苍松翠柏和卧在脚下徐徐流淌的虎溪。清晨，林木中响起一片婉转的鸟鸣声。薄暮中，我们可以欣赏紫红色的太阳，西坠的霞光。这是多么幽静雅致的情景！住在庙里，好像是来到了一个超脱尘嚣的世外桃源。

伏虎寺学生宿舍楼内走廊及宿舍内景，即使晴日当空，屋内也显阴暗潮湿。

文、理、法三个学院，最先在峨眉开学。为了安置经教育部统考分发来的两百多名新生，学校在距离伏虎寺十多里路的鞠槽另成立一新生院。这里是一座清末将军府，有一千多间房屋，足够新生院使用。新生们为峨眉带来了一簇热烈新鲜的气象，冲破了同学们旧有的一些"老气横秋"。他们三五成群，穿着草绿色的制服，在校内或郊外疾步来去，你不用判断，便能认出他们是刚到来不久的新同学。铁一般的军事训练将他们变成了有纪律、守秩序的新生命。在距离鞠槽一里多外有一个望峨桥，是凭眺峨眉山最佳的地方，新建的乐西公路就从这桥与鞠槽的中间穿过。这里原来是一个荒芜的山村，现在却变成一个复兴民族的胜地。

　　峨眉山优美静谧的环境使同学们欣喜不已，但因迁校仓促，师生们在峨眉山起初的生活和学习条件十分艰苦。刚来到峨眉校区，一切都是杂乱零散的，寝室没有床，于是同学们在地板上躺了半个月。一间狭窄的寝室，住了十八位同学，拥挤得几乎连气都喘不过来。教室的泥地还润湿的不能上课，食堂也不够分配，澡堂、盥洗室……更是缺乏，峨眉县城外什么东西也买不到。

川大鞠槽新生院林氏祠堂牌坊，因路基垫高、年久失修已无当年高大气象。

鞠槽新生院二层宿舍。

鞠槽新生院房间过道。

鞠槽新生院斑驳的夯土围墙，顺墙小路前行可到达乐西公路。

随着时间的推移，各种设施和物资也渐渐充实起来了。报国寺的榕荫茶社、麦香食店、和福记餐馆、理发店、文具店……新建的校舍、热闹的市场和教授们的私邸，一个个点缀得非常美丽。报国寺外面空坝旁边新添设的报国寺小学，是教育系同学实习的地方。虎溪桥畔，经济系同学开了一个生活百货店，极其热闹。可是，他们迫于功课，仅四个月的光景就结束了营业。在寺内充塞了许多和尚开的小馆子，不久也先后关门了。我们正大闹"食荒"，在伏虎寺侧面，绿林中的"此君轩"饭堂，像春花般怒放了。

"峨眉天下秀"，我们是多么"幸运"，来到这个"天下秀"的所在，朝夕领略这美丽的景色！

虽然如此，我们却永远不会忘记是谁逼我们到这里来！中国优秀的青年们怀着满心的悲恨，愤怒之火燃烧着他们的心灵，他们转而把它发泄到学术研究上去，教室、图书馆、山阴小道、溪水塘畔遍布学子的足迹，抗战建国的理想充满了整个心灵。

如期开学述校务

川大于 1939 年 9 月 9 日在峨眉按时开学，19 日正式上课。新生于 10 月 25 日开学。1939 年 5 月决定迁校峨眉时物价低廉，共用去迁移费仅四万余元。迁峨后，修葺庙宇，建筑大礼堂、教室宿舍数十间，仅费八万余元。而西南联大较川大晚迁，虽然得到国家百万元迁移费补助，仍入不敷出。川大从未因空袭停课，其他各地迁来的大学多因国难而延期开学。如果川大仍在成都办学，一旦校园被炸毁，必停课数月，修缮经费至少要十余万元。总之，川大现在无论在内在外，可以以"安定"二字概括。综观各大学状况，川大境况实属难得。

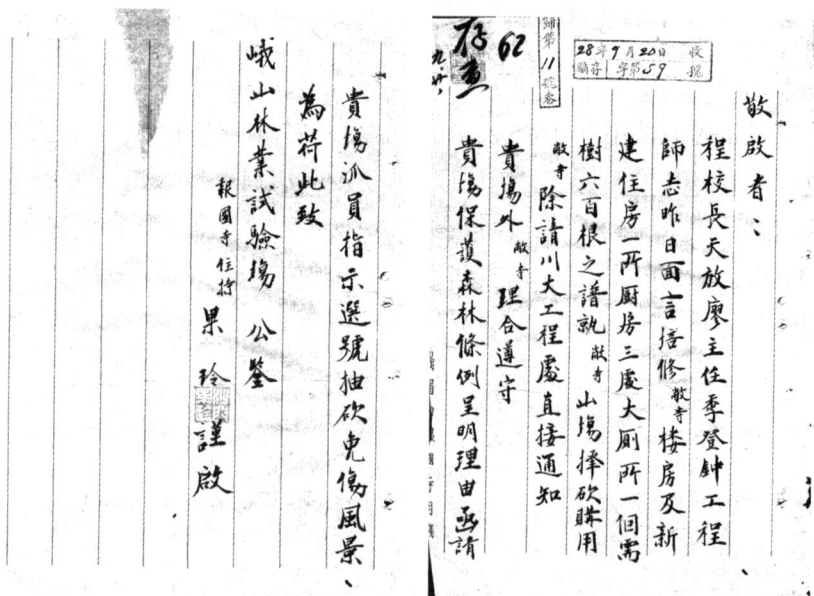

报国寺住持果玲致峨山林业试验场函，大意：因川大新建校舍、扩建报国寺校舍须砍伐、购买报国寺所有的林木，为防止破坏风景，请峨山林业试验场派员监督。①

1939 年下学期，川大共有学生 1376 人就读。办学经费太少，从 1932

---

① 报国寺住持果玲致峨山林业试验场函，第 11 号卷字第 59 号，1928 年 9 月 20 日，峨眉山市档案馆藏。

年开始一直为 70 余万元，迁峨后物价高涨，反缩为 50 余万元，因此教职员、学生感到各种设施简陋，生活困难。教授的薪俸仅以在成都的六折发放。后来教育部批准补助 25 万元，但是其中有一部分是指定用途，不能移作其他开支。教职员薪俸实在太低，川大迁往峨眉后改为按八折发放，仍不足以维持现状。物价上涨过快，峨眉县米价一周内由每斗八元多涨至十元多，菜油由每斤八角涨至二元四角。川大学生每晚自习，估算下来，每月灯油费亦需数千元，学校经费不足以支付。

川大迁峨后，物资设备较成都时有天壤之别，当初多数教职员、学生，多有反对迁峨者，到峨眉之后又多感不便，但迁校已定，只能慢慢适应秀丽山水中的校园生活。师生朝夕相处，融成一片，没有了成都时无谓之应酬，空袭之搅扰，专注于教学、研究。

川大在峨眉开学后新设置的新生院，将各院新生集中训练，精神极佳，地方人士对川大印象很好。总之，川大一切正在进步中。程天放校长对于川大师生在峨眉生活提出严格要求，不能因为避难而自我放松，他说："战后（川大）仍将迁去，实际在西南各省（川滇黔康）之大学，仅有四所，而此数省人口达八千万，土地二百一十余万方里，等于欧洲英德意法领土之和，两两相较，吾国实太形落后。在西南各大学中（远来者除外）无论院系学生数量与设备，川大皆居领导地位，将来抗战胜利，文化交通等各项事业之发展，咸赖川大学生负担。"

附录

程天放纪念"九·一八"八周年应有之认识并报告校务[①]

各位教职员、各位同学：

今天本大学举行迁校后第一次纪念"九·一八"，也是"九·一八"八周年国耻日。

---

① 程天放《纪念"九·一八"周年应有之认识并报告校务》，《国立四川大学校刊》，1939 年 9 月 21 日，四川大学档案馆藏。

首先将纪念"九·一八"八周年意义和我们应有的认识向大家说明：日本明治维新以后，无日不在处心积虑侵略中国，八年前的今天，是它实行侵略的开始，不到一年，又发生"一二·八"战事及热河战役，前年又有"七·七"事变，"八·一三"事变，乃至现在的全面战争。当"九·一八"事变初发生时，一般不了解当时国势的人，责备政府不抵抗，须知当时全国尚未真正统一，关于交通运输，均不如现在的便利，军备也不及现时充足，如果随便作战，那是异常危险！再看当时国际情势，也不及现在于我有利，当时的国联，尤其是英国，公然偏袒日本，我国在国际没有援助贸然抗战，怎有把握？但到了七七事变时，国际情势转变，列强深知暴日野心不加遏制，世界永无和平可言。于是各国舆论一致责备日本因此它的困难大增，我国也就决心抵抗，所以"九·一八"政府不加抵抗，"七·七"时决予抵抗，不是没有原因的，是根据国内和国际的形势转移而决定的。我们在这抗战两年后纪念"九·一八"，应该把过去和现在情势认识清楚，加倍努力，以期早得胜利，洗雪国耻。

现在将本大学迁移经过及目前各种事项，作一报告：

本大学在本年四月间呈请教育部将文理法三院迁移峨眉，经教育部核准后，即着手准备装运，五月中本人及其他重要职员，曾先后到峨眉视察，六月间图书仪器开始运输，修缮工作同时进行。关于建筑工程与各大营造厂订立合同，预定八月底全部竣事，九月中开学，但事实上发生困难，以致延至本月二十一日才能复课。目前运输及修建工程虽已大致就绪，但各种设备仍未能完成，全体师生均觉不满。本人也有此种感想，但我们回头一想，就知道未能达到预定计划的原因。经验告诉我们，通常一个家庭迁徙，已觉非常麻烦，何况是一个大学。

本校此次迁移的，计教职员学生校工共有一千三百人之多，图书五万册，仪器五百箱，文件档案二百箱，校具行李七千多件，如此大规模的运输，的确不是件容易的事，预定计划不能完全实现，是在意料之中。尤其是从成都到峨山，虽仅有一百六十五公里的路程，而运输极其困难，倘能由水路直达，自无问题，但沿途须周转五次才能到峨山——先由城内运到江边，再用船运至嘉定，由嘉定转竹筏至周渡，由周渡用板车至报国寺，最后又用人工搬到伏虎寺。每次搬运上下，手续甚繁，困难可以想见，不但如此，在迁校期间，又遇到几次意外的阻碍：（一）统一招生考试——起初本大学因恐招生妨碍迁校，曾呈请教育部本年招生，勿在成都举行，但未邀允准，结果成都区考生反而特别多，共有三千一百余人，占本年考生全数七分之一，从开始报名至送试卷到教育部止，共费六周的功夫，中间三周，本大学教职员全部动员，迁校工作，因此停顿。（二）嘉定轰炸——本来嘉定被炸，对本校迁移不致有任何影响，但因在嘉定之四川旅行社被炸，运输工作亦发生阻碍，所幸本校图书仪器未遭毁坏，仅损失几方黑板而已。（三）材料工人缺乏——峨山到处树木，论理材料不致缺乏，但因风景区的限制，不能随便采伐，所以取料大感不易。

至工人方面，也有问题，此地没有熟练工人，均由附近农民充任，一到收获时期，均须回去工作，就是出重价也不能留，工程因此耽搁，到如今只完成十之七八。情形尽管如此，但校方已决定一个原则，就是尽量谋各同学起居饮食和求学的便利。尽管教职员宿舍尚未修造，但必须将同学宿舍修好；尽管教职员行李尚未搬运，但必须先将同学行李搬运齐全。

学校已决定本月二十一日复课，现时虽仍有许多条件缺乏，如教室泥地未干，黑板缺少，课桌损坏甚多，不敷应用，但绝不能因这些小问题而影响大家学业，所以须先行复课，再逐渐设法完成各项工作。大家处如此环境，一切固然均感不便，但须知在此非常时期，各方均感困难，尤其本大学在此草创时候，因陋就简，不便之处，大家只有忍受，用我们刻苦耐劳的精神，去克服一切困难。例如课桌不敷，则代以方桌，方桌不敷，则单摆凳子，亦未尝不可听讲。现在我们觉到本大学一切不能满意，但假如拿其他迁移的大学一比，则又并不觉相形见绌。如在城固西北师大，在白山之浙大，在澄江之中山大学是怎样的情形？他们物质方面，恐尚不如川大，但他们全校师生，仍在艰难困苦中努力奋斗，曾不稍懈。又如武汉大学迁移嘉定，到现在仍有困难。迁移已久的尚且仍有困难，川大迁移伊始，困难当然在所不免，大家对此点应深切了解，再过一个月，一切当可走上正轨。

关于迁移经费，外间谣传有十几万，这显然是无稽。本来估计为五万元，向教育部呈请拨付，未得允准。理由是各大学迁移，都是自行筹款，教育部从未津贴，对川大自未能例外。后来一再请求，说明本大学常年经费，本来就没有他校多，还不及中央大学的半数，教育部始允转呈中央，请求中央核准，可是到行政院开会时，又被财政部核减为三万元。本校分配是以一万元为购置装箱及一切旅费等，两万元为运输费，将来不敷，大约有限，总可以此弥补，临时校舍建筑预定八万元，实际上将来可以节约许多。

国立四川大学迁校委员会致峨山林业试验场函，大意：希望批准砍伐杉树一百株。峨山林业试验场回函批准。①

本大学迁移本山以来，环境改变，各同学之生活方面，有几点重要事项，须向大家报告：

1. 健康——日光、空气、水为卫生三种要素，峨山之空气及水均较成都更优，日光亦不比成都少，可说于健康有益无损也。但环境虽然优良，难保不生疾病。此地非大都市可比，大都市有医院，病人可以无虞，峨山没有医院，诊治颇感不便，为解决医药困难起见，决定将校医室扩充，本学期所请人数较多，除孙主任外，又聘贺孝铭为校医，此外请一助理，一药技师，二护士及中医一人。我们要明白我国医生本来就少，在此抗战时期，许多医生都到前方工作，聘请医生，很不容易。本校校医主任，费了好多事，才请到这位孙国玺先生。孙先生在中大医学院，本有重要职务，原不能来，后由本人一再向戚寿南院长商量，才允让他应聘。至于药品方面，已有相当准备，特别对于疟疾药品，搜罗较多，药资共计花了四五千元。自从医药卫生组成立后，医师很忙，患病同学如看到孙主任或其他医师不在室中，就不应抱怨，说他不负责，须知校舍分成几处，人数众多，有时教职员家属有病，也须延请，所以一时不能兼顾。大家对这点应当了解，对校医切不可漫无礼貌。现在各处权设临时诊疗所，俟校舍全部完成即拨一幢作医药卫生组之用。

2. 治安——峨山地势荒凉，关于治安方面，不能不设想周到。在成都时除校警外，尚有街市宪警负责，但在峨眉全赖自行设法防卫。现已成立警卫队，修理枪支，借用子弹，现有警士数十名，担任警戒、消防、巡逻等工作，再与林警合作，治安常可无虞，所可虑者，厥为火患，此点各人应特加注意。

3. 空袭——嘉定被炸后，谣诼繁兴，盛传报国伏虎两寺均经敌机投弹，并以机枪扫射，伤职员某某，这些都是神经过敏的推测，或奸人故意捏造，现在我们都知道全非事实，那天适有中航机经过峨眉

---

① 国立四川大学迁校委员会致峨山林业试验场函，第 11 号卷字第 42 号，1928 年 8 至 9 月间，峨眉山市档案馆藏。

上空，敌机因此追击，嘉定至峨眉当中，仅有三四十里距离，敌机两三分钟就到，只在青龙场投一小型炸弹，该地并无目标。测其用意，似乎既然来了，不能不留一纪念。这可证明那天敌机之来，非为峨眉，更不是为川大。川大师生固然抗日，为敌所恨，但全国其他大学也都抗日，敌机应就近先炸他们，断没有远来峨山专炸川大之理。如川大仍在成都，或易被殃及，但迁到峨山，当不致被袭击。至于夜袭，更不会有，因峨眉最高峰达一万数千尺，低飞不可，高飞又不见目标，通常邮航机，尚不敢经此夜飞，轰炸机更不必说。话虽如此，我们不能不有相当准备，现正与峨眉县政府密切联络，一有警讯，立即通知，以便从容疏散，各找地点掩护。

4. 照明——关于照明问题，本来曾计划安置发电机，装置电灯，嗣因购买木炭电机，迄未成功，柴油电机，又无法买柴油。现已购置植物油灯四百盏，每一房间可发一盏，此外用于教室、阅览室，希望各同学以后多在教室、阅览室自修。

5. 图书文具——本校图书已运来五万册，占全数三分之一，应用的参考书籍，大致具备。所需仪器，也都运来。至于讲义，正与武大接洽，希望代我们印一部分；一方与成都各印刷公司接洽，希望能有一家迁来服务。文具方面，将来准备向嘉定或成都购置大批，以备同学购用。出版组方面，准备在现有校刊外，编印日刊，将来更拟发行季刊。

6. 消息——关于消息，因不能看到成都当日报纸，较为不便，现已向武大接洽收音，以后可逐日在日刊发表。在此点未办到以前，暂由本大学新闻学会向峨眉县政府收取印发。

7. 银行邮局——公用事业各银行、邮局，亦已筹有解决办法。金城银行已将皇城办事处迁来，同学汇款储密，均甚方便。关于邮件，已与邮局商定分设信柜四处，委托各处专事办理。

最后对同学有两点希望：

1. 利用环境修养身心——本校迁移名山，各同学须利用如此伟大自然环境，修养身心，努力求学，提高研究兴趣。除游山玩水外，即须注意学业。至于锻炼身体，可练习爬山游泳骑马球类比赛等运动，并可举行音乐歌咏戏剧表演来代替一切都市不正当的娱乐。

　　2. 利用暇时服务社会——在大都市里，服务对象往往不易确定，但在峨眉，则服务机会其多，各同学可于课余替附近农民做种种服务工作，如代写信札，办民众学校，设问字处、法律顾问处及诊疗所，从事军人家属慰问，协助政府办理兵役，举行抗建宣传、清洁运动、生产运动以及合作运动等。本校夏间曾举办暑期农村服务团，成绩甚佳，惜只有少数人参加，以后盼望全体至少大多数出发服务。

　　大家如能做到这两点，不但各个人因此获莫大裨益，而且川大在社会地位名誉，也一定能蒸蒸日上。

新境新风
峨眉生活

荏苒一枝春，恨东风人似天远。

川大离开了都市，深入了农村，从象牙之宫步入了乡野山林。川大在峨眉山麓，建起小小的房舍，在幽静的环境里，努力研究一些有利于抗战建国事业的真实学问。川大迁到峨眉来，并不是无意义的，意在暂时离开敌机的凶焰，在僻静的边野，更积极地为抗战事业去努力。

在那里，中国的优秀青年们在不断努力地从事学术的探求。

峨眉四季

不离开都市，不会感受到乡村的美好；不来到乡村，不会领略到自然的伟大。四川大学来到"天下秀"的峨眉，伴随着优美的自然环境，又成长繁荣起来。在繁郁峰峦、连绵山坡的环绕中，四川大学师生日夜生活在这里。

在晨曦尚未钻出地平线的黎明，踏着朝露，爬上罗峰的逶迤小路，去看罗峰的晴云。鱼肚白的地方，渐渐被红霞渲染后，辽远的天际，泻出了金光璨丽的一片野景。红日初升，热气袭来，步入寂静的丛林中，到溪流矮桥边和树荫底下，聆听清晨的鸟语，深嗅野花的香气，阅读书本。午后暑气迫人，找来三两伙伴，闲坐荫茶社，一局围棋，一壶龙井，足使俗虑全消；口含米糕，剥了花生，挥着葵扇，且吃且谈，别具一番滋味。到了红日西倾，凉风初起的当儿，缓缓踏上归路，满怀热闷至此全消。峨眉的夏夜更美丽动人，它会使你仿佛走进了莎士比亚《仲夏夜之梦》中的仙境，当夕阳渐渐地从伏虎山背后隐去的时候，温柔的晚风一阵阵掠过了林梢，我们吃过晚餐，聚集在校门周围，唱着雄壮的歌曲。当落日的残光完全从黑暗的夜幕中消逝以后，一幅含着浓厚诗意的夜景便展现在星光下。村落暗绿的路灯，透过树隙射出柔和的光芒，流星似的飞萤，闪闪的放出暗暗的绿光，划破了林间的黑暗。蔓草底下的虫鸣和田园池畔的蛙声，交织成一片美妙的自然管乐，打破了大地的沉寂。这一切的景物，衬上了暗蓝色的晴空，浴着温柔的月色，静穆美丽，宛若仙境。不时还可以听到一阵从豆栅瓜田中传来的笛声和小曲，或者从同学们的书窗下漏出的清亮琴声，更使人深深地感到周遭充满着快乐、幸福、和平与自由的气氛。

伏虎寺华严圣塔前，仰望即见罗峰叠嶂。

当秋风开始吹落梧桐，染黄柳丝的时候，峨山的风光自然也免不了渐渐呈现出萧条的景象，但它绝不致让寂寞的死气笼罩着。黄色的秋花、殷红的枫叶使它保持着一片生动的色彩。西南秋日气候的佳丽，更使峨山显出优雅飘逸的姿态。昼则天高气爽，夜则月白风清，堪称一年中生活最感愉快的季节了。残秋薄暮中，缓步徘徊于虎溪之畔，或爬上古老的二坪前的墓道，踏着落叶，望着那将枯草、残林染成紫色的山头，远远传来圣积寺的钟声，十分悠然！

入冬以后，天气渐冷，草木凋零，风雪交加，远处是朦胧起伏的山岭，岩石峥嵘的白峰；脚下深谷中，两岸柳树覆盖着河流，构成了一片悦目凄美的风景。羽鸟绝迹，人影杳然，颇有"千山鸟飞绝、万径人踪灭"之象！皓月当空，四野无边，只见月下的白雪，闪烁晶莹而透明的光辉，有若琉璃世界。

春天来了，峨眉山的景色更加美丽，蓬勃新生的丛林，在万紫千红争妍斗艳的当儿，正是春来草长莺飞的季节。在那澄碧如洗的天宇底下，吹来阵阵花香的温暖轻风，中人欲醉。每当课余，步入龙门，闲坐溪侧，聆听山泉泻下潺潺的声响，静看清澈见底沉浮的游鱼，一缕斜阳照射在老远一片浅绿的原野上。在这充满着幽静气氛的景物会使你的心灵，静得像一池无波止水。

从春天到夏天，无论哪一季都充满了无尽的欢愉，伴着那秀丽的山岳，使你永远不会厌倦。

峨眉四季胜景没有使我们安乐，对日寇的仇恨更使每一个同学加紧自己的学习。在图书馆、教室，可听到咿唔的读书声，或见伏案振笔疾书的身影；在山头、小溪边，可以看见他们醉心地翻阅书本。同学们议论之余，还时时将各自的研究所得刊印在一幅长方专载的壁报上。关于文艺、史学、政治、经济、外交、物理、化学……各色各样的壁报有三十多种，点缀在各个墙壁、教室的窗户上。学生自办的刊物过去还有不少，现在因印刷不便，只剩下《政经学报》《文艺月刊》《教育月刊》《生物周报》等几种。

我们学校的学会是相当多的，政经学会、法律学会、文艺研究会、英文研究会、教育学会、史地讨论会、国学研究会、妇女问题研究会、社会问题研究会、中青作分会、新闻学会……不论在教室或郊外、附近的寺院里，都可以发现同学们在热烈地讨论着。还有普通的各自设立的班会和导师制度下的组会，几乎每天都在这里或那里开展。这些活动把学术和我们的生活紧切地联系成了一片。

新境新风

峨眉山是四川大学的新环境，在新环境中，四川大学逐渐孕育出与在成都时不同的新风气。

成都为通都大邑，各方杂处，社会交际乃必然之趋势。四川大学位于市中心，师生之人事应酬纷繁，人事愈久愈繁。成都娱乐场所甚多，师生课余常常坐茶馆、看电影、看川戏、听评剧、听书，甚至打麻将、扑克。娱乐一多，消耗精力，不仅浪费时间，还损失金钱。一个学府设在如此环境中，颇不相宜。在搬离成都前，学校决定迁至成都东郊外，其故在此。

在成都，大家因为在都市中生活，争新炫异，相习成风，在装束上力求时尚，以迎合都市潮流，不然就怕被人讥为落伍，无形中成为百货商店化妆品的推销者。男子过分表现大学生高贵风格之穿着，女生忙于追求大都市社会人品之适应，如此则养成奢侈之风，只求外表的讲究，不仅影响学术的研讨，更与朴素生活原则相悖。

在成都的马路上，电灯五光十色，令人目眩神迷，市声嚣杂，令人头昏，加之上馆子、吃零食，力求享受上之舒适。坐黄包车兜圈子，到商场溜达溜达，购买不必要物品，消耗光阴金钱，养尊处优，不能刻苦耐劳。同时，师生与同学散居各处，接触机会甚少，大家除上课、聚餐会外，即分散各处，不易见面，散沙一盘。彼此既不相见，怎能互知？既不相知，怎能互助？于是，意志、力量均欠集中，精神涣散，遇事不能收合作之效，此皆环境造成。

上述几点是处在都市的大学所面临的普遍现象，抗战前四川大学以及其他各大学主张迁移郊外，都因都市环境，包罗万象，易于沾染，不宜作为研究学术、修养身心之场所。

在峨眉，川大师生居处荒僻，城市中人情应酬现象骤减，人事简单，环境不纷歧杂乱，可以专心向学。各种娱乐方式峨眉鲜有，身心不受外界引诱，生活自然规律有序。在峨眉生活朴素，因交通不便，奢侈货品来源断绝，时尚装束亦不需要，反而需要适应环境的装束，草帽、斗篷、草鞋、粗布裤、雨伞等。无处可烫发，不宜穿高跟鞋或皮鞋，高贵之西装、旗袍买不来、做不来、穿不好，八元以上之丝袜，三元以上之领带，更无论矣。在峨眉期间，教学设备相比在成都时简陋很多，师生上课、吃饭、睡觉、自习，均极紧张，如上战场。至于上课讲义难、自修座位难、吃饭准时难、睡觉臭虫难，甚至庙里有神、灯中有鬼，师生也多约束口舌，都是培养精气神之好机会。师生集中一处，天天接触，增进情感，研究切磋，专精有成。

除上述峨眉新环境优点外，峨眉胜境富有伟大感染力。孟子谓："养吾浩然之气。"太史公游名山大川，其文疏宕有奋气。吾人投入峨眉怀抱，天天受其伟大力感召，气概自磅礴不凡。峨眉胜境富有秀美力，可养成清高雅洁之品格。一般人所谓"峨眉天下秀"，报国寺即本此意建有餐秀亭。同学来此名山，可饱餐峨眉秀色，因为水秀山明，品质亦日见清秀，秀外而慧中。更因名山钟灵毓秀，由地灵而人杰。峨眉胜境富有启发力，可养成智慧之根基与泉源。峨眉冈峦起伏，山势雄奇，清泉玲琤，奇石玲珑，白云舒卷，尤饶诗情画意。吾人日与大自然为伍，无尘嚣之氛，有超脱之想，似此境界，足以启发同学深远之智慧，高尚之性灵，与夫恬静之情意。

四川大学在峨眉，借此时机，因地制宜地培养全校学术研究风气，以提高西南最高学府的学术研究地位。计划请各教授整理有学术贡献的讲义出版成为丛书，鼓励其发表论著或实验报告。由各学系教授指导同学研究论文或介绍翻译外国报章杂志上的论著。请国内外专家来校作院别系之专门学术讲演。同时营造良好的校内学术交流氛围，出版旬刊，发表师生对于时事上及学术上之研究论著。出版文、法、理、农四院的季报，发表师生的专门学术译著。出版大学丛书，作为全国高等教育界参考书籍。提倡并资助全校各学会出版刊物、壁报，以增进校内外人士研究之兴趣与常识之普及。

抗战时期，四川被称为大后方，民族复兴根据地。而川大学生，大都来自四川各县，在校求学时期应加强组织训练，将来回到地方服务时，好去组织民众，领导民众。希望各同学成为专家，或成通才，以达到立己达人的目的。在峨眉时期，由于大环境决定同学们社交单纯，则在校时应参加各种组织、社团。川大在峨眉期间倡导成立各系学会，其中会员除各系的师生外，并邀请各系已毕业同学和已离职教授为会员。各种社团，不分院系，只谈志趣，如现有之川大新闻学会、川大妇女问题讨论会、川大文艺研究会、川大政经学会、川大戏剧研究会、川大音乐研究会及其他准备成立的四川地方实际问题研究、四川教学研究会等，均属此类。同时倡导各院系、学会、团体间的交流。

自发组织各种校外调查团、服务团、宣传队、慰劳队等，学以致用，服务地方。"人生以服务为目的"，努力服务公共事业、社会事业。服务社会，也是自我能力提升，一言一行，关系巨大，须有任劳任怨精神，悉力以赴，艰苦不辞，对任何挫折，皆不灰心，有"鞠躬尽瘁，死而后已"的精神。

结合峨眉实际情况，四川大学还在峨眉计划开展师生、学会、社团服务地方的活动。峨眉较为偏僻，民众文化水平较低，川大迁移此地，同学可在课余办民众学校、义务小学及成人补习学校，使民众无论男女老幼，均有受教育机会。此外更须举办识字运动、巡回讲演、张贴图画壁报、设立文字处等，以提高民众知识程度；宣传公共卫生，如设诊疗所、送医药、训练中医、举办清洁运动及儿童健康比赛等；开展抗战宣传活动，如做兵役宣传、慰劳出征将士家属、代出征将士家属写信、募集寒衣等；服务农村经济，如举办生产运动、合作运动、小本借贷，宣传种子改良，举办牲畜比赛、出产比赛等。

此外，川大设置民众法律顾问处、书信代写处，均为服务地方工作。不患没有成绩，只患不做。如迁到峨眉以前，川大兵役宣传团在灌县一带宣传兵役，及组织暑期农村服务团在青神、眉山、彭山一带服务农村，工作效果显著，博得地方人士赞誉。此次到达峨眉后，非一时所能离去，更应该将服务地方工作深入持续进行。

总之，学术研究、组织社团、服务地方三项，在此新环境中，对养成新学风、新校风均有莫大裨益。如此完美风气，倘能养成，也不负如此优美环境，这是川大之幸。

在峨眉这个偏僻的县城，除川大师生竭尽一己之力主动服务地方社会外，随着川大而来的是一股现代化新风。在峨眉一切近代的生活设施都不完备，川大迁驻峨眉后，许多公用事业都渐渐兴办起来了，电话、电报、邮局、银行，现在已经全设在校内了。这样一来，不但同学们方便了不少，就是附近的老百姓们也能共同使用。以前寄一封平信，非进城不可，现在邮局设在伏虎寺，不论平信、挂号信、航空信，寄起来都非常方便。银行设在学校里，寄钱来去也不必往别处跑。电话、电报一直可以通到国内各大都市，十分方便。

山中生活

迁峨后的川大同学，生活相比在成都更加质朴。一般说来，一件青布长衫，或者一套麻布制服，这是典型的男生的服装，女同学则穿着竹布旗袍，西装革履和穿着高跟鞋的同学并不多见。没有都市声嚣的烦扰和外界物质享受的引诱，显得自然有趣。老实说一句，川大同学在峨眉的生活，不是在自然中，就是在书屋中。

川大在成都的时候，教授先生们大多数散住校外，教授和教授间，教授和同学间，不大容易有接触的机会。在山中都不同了，教授们差不多都住在报国寺教职员宿舍，因此大家见面的机会增加了不少。从伏虎寺下课回来，在报国寺和伏虎寺的山道上常常有三五成群的教授先生们一道走着、谈着、笑着。吃饭的时候，大家又一起在食堂里聚会了。大家每天总要见面几次，好像在一个大家庭里似的。除了上课之外，教授先生们在空余的时间组织了各种专门问题的座谈会，讨论国家大计，或是经济、政治、教育上的各种问题，把所得的结论、许多宝贵的见解，在学校各种刊物上发表，为行政当局提供参考。

放假的日子，在附近的名胜，像龙门洞、猪肝洞、圣积寺……这些地方都满布了教授们的足迹。他们或是三五个人在一起，或是带着太太小孩子们，爬山、垂钓、野餐……度过快乐的假期。把一周间的疲乏释放在大自然的怀抱里。

同学们也是同样的生活，早晨五点多钟，起床的号音已响彻了山谷。此时清脆的鸟语散在树林中，同学的歌声也渐从寝室内传出来了："起来！不愿做奴隶的人们！……"一道悲壮的洪流震荡在空气中！虎溪桥畔是同学们训练嗓子最好的场所，汹涌的涛声和着高亢的歌声，真是别有佳趣！峨眉的清晨，川大学子朝气蓬勃，校舍附近每个山林角落里都有着川大同学的踪迹，他们不是在沿着山道慢跑，就是在全神贯注地晨读，这个好时光谁也不愿把它轻轻放过。

七点钟全体同学在操场里举行升旗仪式和做早操，接着是早餐，八点钟便开始上课了。在大学里读书是注重专门学术研究的，选课没有中学那样繁多，没有课的时间，图书馆的阅览室里挤满了人，图书馆的借书处常常拥着一大批的人。川大图书馆藏书数十万卷，在当时国立大学中，恐怕是最完整的一个。阅览室因受地势所限，无法展开，百人左右的座位，是一直不够用。许多同学想在阅览室里占一席座位，在阅览室的门打开之前，便排在门口等着，因为去迟了便抢不到好位置。因此，晚上抢占第二天的座位，成了极常见的事情。这种求知的精神，我们觉得相当可敬。在川大，许多功课，大家都觉得相当紧张，尤其教授们指定的参考书，是不能不看的。一星期要交上几次研究报告和实验报告，理、农学院的同学自然更要忙些，因此许多同学便终日埋头读书了。

傍晚，西方的天壁上抹着一笔夕阳余晖，微红映着枝头上疲乏的归鸟。同学们吃完晚饭出来散步了，一群群知己在漫谈着，想借以洗尽一天的疲倦。有些到茶馆里高谈阔论，有些情侣在花前蜜语，有些爬到山腰，坐在溪流的石边，静听绿绿林原内的鸟鸣，茸茸草丛中的虫声，把身心浸在大自然的怀抱里。大学里，男女同学间多少不免有些界限，但并不像我们所猜想的男女间关系那样神秘，大家同在一桌吃饭、一起上课、一起看书，相处日久，这种男女同学间的鸿沟也渐渐地淡薄了。在导师的组会上或是座谈会上，彼此间时常都有接触的机会，这样正常关系的发展，倒是非常好的现象。自习号音响起，像慈母的召唤，同学们都踏上了归途。

自习完了，同学们拖着疲惫的步子跨进了寝室，躺在床上漫谈。有时在谈恋爱问题、婚姻问题，有时在讨论国际形势、国家大事。从这些谈话的声浪里，充分地流露出青年的热忱坦白。直到熄灯号声了，才风平浪静，开始了漫漫的黑夜。黑夜一幕一幕地拉下来，光明也逐渐地接近。在黑暗尽头的黎明，这道青年的洪流，将仍活跃在祖国的山野上！

川大的学术研究团体很多，每逢周末在学生的布告栏里，总可以找到"在第×教室××会"的消息。从各个教室里常常传出唇枪舌剑的辩论和滔滔不绝的讲演。每一系都有学会的组织，此外，新闻学会、戏剧研究会、骑射会、音乐研究会、青年剧社……这些在学校里并没有这一专业，而是由许多有特别爱好的同学所组织。每个研究会，都由学校聘请教授指导。各种学生社团都朝气蓬勃地成长起来，在校舍的四面张贴着各种不同的壁报，真是琳琅满目，美不胜收。许多定期刊物，虽然在这样印刷艰困的时期，多数仍然照样出版。我们觉得，做一件事，只要有毅力的话，任何阻挠都是可以克服的。

我们的文艺活动也越发兴盛蓬勃，戏剧研究会和青年剧社在不断举办活动。川大成立纪念日，迎新大会和庆祝元旦这些日子，我们都连续举行了几次盛大的游艺会，表演话剧、评剧、川剧、杂耍、双簧……凡是一切与游艺有关的节目，全搬上了舞台。川大的文艺表演人才相当多，文、理、法各院人才聚集起来，各种角色都毫不缺乏，所以每一次的演出都极精彩，而且都能顺利地进行。

迁驻峨眉的第一个迎新晚会上就演出了两个英文名剧《月亮上升》（*The Rising of the Moon*）和《威尼斯商人》（*The Merchant of Venice*）。前者是新生院的同学们演出的，后者是我们外文系四年级老大哥们主演的，外文系教授们亲自导演，表演十分精彩入神，给予同学们一种精神熏陶。

在峨眉有一件事情是师生们感觉最不方便的——报纸问题。重庆的报纸至少要四五天才到，成都的报纸来得虽然快些，但是也要耽搁两三天，这样看报便等于读历史。为了补救这个缺陷，同学们便组装了收音机，收听国内外的消息并记录下来，由学校出版组刊行《川大日刊》。这个日刊，除了国内外的消息之外，另开辟校闻一栏，专门登载学校的消息。日刊编纂的方式新颖，颇受同学们的欢迎。有了《川大日刊》，真是方便多了。

川大对于医疗问题也十分重视。学校迁移到峨眉来，这个问题更是重要。整个峨眉城里，几乎找不到一个西医。川大的医药卫生组设在图书阅览室上面的山坡上，经过一条短短的竹径就到了。这里有诊断室、手术室，有药房、疗养室，去看病的时候先要挂号，排着先后的次序，毫不凌乱，真像一所小型的医院。全校有着医师五人、药剂师三人、看护五人、书记和练习生各一人。在万行庄的理学院、鞠槽的新生院，都设了分院。有了这样完好的设备，一切病症都极容易解决，使得全校的教职员、同学方便了不少。川大医药组也为附近的农民们义务诊疗，使他们受惠不少。

在川大迁峨之前，学校对于当地的安全问题已经相当关注。因为川大的校址距离县城有十五里路，到伏虎寺、报国寺路上，除了庙中和尚和偶尔往来的香客之外，很少有住户。偌大的一座山林，学校迁移来了，治安自然很要注意，因此学校成立了警卫队。全校的警卫队有五十多人，在成都的时候，已经训练了两个月，来到峨眉山以后，仍然不断地训练，他们能够胜任学校的保卫责任，学校因此非常安全，就是住在附近的农民也受惠不浅。

国立四川大学总务处给教师致送的校警巡逻队巡逻告知及监督函。（现藏于四川大学档案馆）①

自迁居峨眉以后，川大师生借住于寺庙之中。寺庙全为木材搭建，两千多师生常住其中，地方狭小。由于山上寺庙未通电灯，师生们多用菜油照明，火患重大。川大校方时时发布公告要师生们注意防火。

国立四川大学布告

溯自抗战展开以来，将及三载，国内文化机关或被暴敌摧毁，或经展转播迁，大都残破。

本大学幸居后方，完整犹昔。去年奉命疏迁来峨，借避空袭，除农学院尚留蓉外，所有主要图书、仪器、标本、模型、药品、机械以及一切校具，悉数迁来，用资讲学。惟兹设备，系属本大学前身各校，及本大学成立迄今，数十年不断努力之积累，价值何啻数百万，而其促进人群之发展，增益社会之文明，功效之大，尤难估计。且年来交通多梗，物价飞腾，难有经费，亦难购入。校外人士，尚且维护。本大学各院学生，应知此西南文化之渊府，实为复兴民族之所资；缔造之艰难，经营之匪易，际兹阢陧，适蒙其福，尤当加意爱护，

---

① 国立四川大学总务处给教师致送的校警巡逻队巡逻告知及监督函，第139号第21页，川大档案馆藏。

保存文献。现在节届夏令，天气日益亢阳，各院临时校舍，位于山地，所在多风，复艰于水，火警亟宜预防，庶免不幸成灾，影响民族文化。况我全校员生工友，个人生命财产，咸萃于斯，偶或失慎，更难免池鱼之殃。至望小心火烛，共保公安。除饬庶务组注意消防外，合行布告，仰各院学生，一体知照，勿稍疏忽。为要！切切此告。①

中华民国二十九年五月一日

校长　程天放

万幸的是川大在峨眉期间未曾因火灾造成任何损失。

川大在峨眉这短短的不到一年功夫，在报国寺和伏虎寺一带，已经独立地造就了一个新的社会。

师生们逐渐适应峨眉山生活，他们的身体、精神状态、知识和技能，都有了长足的进步。同学们虽在这安宁的环境中学习生活，但他们想着在沦陷区里，许多失学的青年们，在敌人铁蹄下失去了自由，渴望读书的机会，而自己很幸运的在这山明水秀的峨眉山麓安静读书，自然只有加倍努力。

女生剪影

在这偏僻的峨眉山麓，在这大后方的一角里，听不到一点大炮的声音，嗅不着一丝火药的气息，所以始终是那么欢乐和宁静。这儿，是一座修行的古刹，是一块安静的乐土。这古色古香的庙宇里，川大一百多名女同学在这里成长，她们每天从书本中吸收知识，发掘真理。虽然这地方会使人感觉沉闷，可是她们大部分生活是愉快的！

为了避免轰炸，国立四川大学便从成都迁到峨眉来。这一群女同学也就跟随着学校，走进这落寞的山丛中。

伏虎寺后面的一座小山巅上，竖立着一幢三层的楼房，这里以前是和尚静坐的"禅院"，现在却成了川大女生的宿舍。站在楼上凭栏远眺，可以遥望十五里外峨眉县城的城堡在东方划着圆圈；转身向后仰望，峨眉山顶的云烟，袅袅地升上来，又散开去；一条潺潺流淌的小溪，在楼下默默

---

① 《国立川大学布告》，《国立四川大学校刊》1940年第9卷第2期，四川大学档案馆藏。

地低吟者，同林子里的鸟鸣，奏响了复杂然而和谐的交响曲。这境地，的确像大户人家的后花园里千金小姐所住的绣楼。

山野里的冬季，像冬蛰后的蛇在蜷伏着。黎明，天上和地下一样的冷落，几颗晓星从云隙里钻出来，被云层挤得眨眼，沉睡的村庄还没有醒来。淡淡薄暗的晨光，映着村子前面的丛莽，显出一片黑森森的朦胧的阴影。零落的鸡鸣声，仿佛一根松弛的金属琴弦，在冷寂的草坪上悠扬地响起。这时，我们的女同学已经跋涉了一里路的山径，从山腰上的宿舍，奔跑到山脚下的广场上做早操了。她们披着一身长袍，显得格外倩俏。在鸟的歌、流水的歌、草木的歌的合奏里，立刻又灌进从她们的樱唇里发出来的"国歌"——这是多么优美的清晨的祖国的赞歌啊！

她们是从各方面聚集来的，山南海北的都有，个性不同，言语不同，经济状况也大有悬殊。固然有一部分是穷苦的，但并不足以代表全体。所以一部分女生这一周愁着下一周的伙食费，盘算着向谁借一笔款子，同时也有奇装异服的小姐们在挥霍着。当一个红唇烫发着高跟鞋的女郎，与一个由山上下来的半开化的土人，在一条道路上行走的时候，你会觉得这同时同地而表现着两个不同的世纪，是由于抗战而形成的奇观吧！

川大在男女关系上，以前大有"授受不亲"之慨，但自迁到峨眉之后，吸收了一部分从战区来的男女青年，这种情况已经打破，男女间的鸿沟似乎不存在了。在川大，现在可以看见不少双双对对的情侣。在花滩溪畔，在绿林荫下，你可以听见青年男女的窃窃私语、绵绵情话，他们除学问上的钻研外，在精神也想得着一些安慰。

学校里的学会，是不乏女同学参加的。因为现在的社交，是以女子为重心的，所以各个学会都在尽量争取女会员。会场中若有女同学列席，男同学则分外兴奋，讨论得特别起劲儿。而女同学却坐着吃茶点，默默然一言不发。反映在行动上，也只有男同学在做笨活，而女同学很少负起实际的责任。

川大的女同学对于"吃"有特别的研究。近来因为米价陡涨，同学们十块钱一周的伙食还吃不饱饭，每顿非得以战斗的姿态加速度地吞噬，非冲锋陷阵生龙活虎般地抢饭不可，不然就得挨饿。在这样激烈的场合下，斯文的小姐们当然不能战胜粗壮的男子汉。于是，她们提出了"男女分家"的口号，另起炉灶，组织了一个"女生伙食团"。大概她们的胃要小些吧，她们吃的米很少，所以她们八块钱一周的伙食还可以吃肉。这样一来，"女生伙食团"深深地引起了男同学们的羡慕与嫉妒。

川大的军事管理挺严格，一年级的女生也得像男生一样，穿起大兵的草绿色军服。当她们漫步村庄里的时候，附近的老太婆、年轻的女人，牵着大的小的孩子，把她们团团地包围住了，颇有电影明星情形。山中的女人还保留着前世纪服饰的风味：椭圆的发髻包上黑帕，拖到背脊上，比铜钱还大的银耳圈，脚是尖尖的，扎着腿，走起路来，扭动着硕大的屁股，像鸭子般地蹒跚而行。更使人惊奇的是她们的天真、好奇！

"瞧呀！大美女们也当兵。你今年多大，哈哈，姑娘？"

她们的手，搭到几个女同学的肩上。

"对了，我们当兵去打东洋人，你们来不来？"
"我来，我来，我们会打仗！"孩子们叫着。

年轻的"小鸟"，是女同学中最活泼的一个，她把孩子们牵成一个大圆圈。

"别吵！我来教你们唱歌，我唱一句，你们跟一句。"
"打倒日本！打倒日本！除汉奸！除汉奸！"

孩子们娇嫩的可也是雄壮的歌声，飞过短短的篱笆，钻进每个人心的深处，激荡着。

傍晚，黄昏的烟雾笼罩远处山林的时候，一部分女同学跟着她们的情人，沐浴着落日的余晖，向着茶馆姗姗而去。另一部分女同学却坐在溪边的岩石上，伛偻着柳腰，将手中的衣服，摆动在幽静的溪水里。水面泛起了涟漪，晚风抚摸着她们的青丝，将一片片的红叶，撒落在她们的肩上。夜色在她们四周逐渐地加深了，她们端起盛满了衣服的脸盆，悠闲地踏上归途，边走边唱着救亡歌曲，歌声弥漫在山谷里！

体育活动

峨眉这一个僻陋的小县，要是在江南的话，简直还不如一个比较大的乡镇。这里的运动设备较在成都，真是相去太远。这是受环境的限制，因为想要在乱石嶙嶙的山谷中开辟一个运动场所，实在是一件太不容易的事情。娱乐场所更是没有，每天下午四点钟以后，报国寺前的平坝就变成了同学们的运动场，挤满了运动健将。篮球、排球、标枪、铁饼……五花八门的玩意儿都搬上了这片空地，一个个生龙活虎，玩得非常开心。峨眉夏季炎热，同学们在山中因地制宜，将大的池塘改造成游泳池，天然的泉水不断注入池中，甚是清凉。

虽然体育设施很少，但失之东隅，收之桑榆，同学们就更多地利用自然环境来锻炼他们的身体。部分爱好体育运动的学生，因地制宜开展体育运动，爬山运动盛极一时。1939 年 12 月 24 日体育组在峨眉山举办了第一次爬山比赛，从报国寺到大峨寺，全程 15 里，中间要翻过好几个山岭。参加学生计男生 89 人，女生 38 人。男生到达终点大峨寺的 76 人，女生到达终点纯阳观的 36 人。男生组团体锦标，冠军经济系，亚军教育系，第三化验专修班，第四史学系，第五生物系；男生个人锦标，冠军方其江，亚军马仲庭，第三朱锡枚。女生团体锦标，冠军文学院，亚军理学院；女生个人锦标，冠军汪盼霞，亚军胡舜华，第三夏淑慧。男生最快到达成绩为 41 分钟，女生最快到达成绩为 38 分钟。

后来参与者越来越多，便发起组织川大康乐体育会，从事各种集体运动。康乐体育会在 1941 年 1 月 1 日正式成立，正式会员 200 余人，他们积极认真地推动会务，将以前开办的"康乐壁报"改编为会报，定期组织会员和有兴趣的同学分组练习各种体育科目，并利用假期组织爬山运动、短足旅行及运动比赛，深得学校嘉许，同学们也十分踊跃地参加。

新生院在鞠槽，距离报国寺和伏虎寺较远，地势较为平坦。新生院同学们的招牌运动就是乒乓球，在迁到峨眉山后每学期都要举行乒乓球比赛。1940 年上学期比赛成绩和奖品如下：

甲组：冠军，秦福民，旗一面、信封一百一十个、信笺二百张；亚军，邓传瑄，旗一面、信封九十个、信笺一百五十张；第三名，傅书迤，旗一面、信封七十个、信笺一百五十张。乙组：冠军，李书春，旗一面、信封一百三十个、信笺二百张；亚军，董与绅，旗一面、信封九十个、信笺一百五十张；第三名，常樵生，旗一面、信封七十个、信笺一百五十张。①

艰苦生活

报国寺大雄宝殿是川大学生食堂，四大金刚每天看着我们吃饭。学校中的生活是非常清苦的，在初来的时候，同学们吃着每月七块钱的伙食，每天几碗青菜把两碗干饭送下肚去便算了事，营养自然也谈不上。这样清苦的生活同学们倒也安然。后来米价高涨，伙食已经涨到二十块一个月了，但是菜却仍然和从前一样，一点也没有好起来。甚至我们五元一周的伙食费，连饭都吃不饱。每顿虽说有四样菜，但合拢来还不足一碗。半碗饭没有下肚，菜已是碗底朝天。有时在菜里发现了一两颗猪油渣，筷子便从四面夹攻，大有"置其死命"之势。眼明手快的同学抢着了，口角眉梢泛起胜利的微笑。

物价水平高涨，对于来自战区在川大借读的同学真是一个非常大的打击，十四块的贷金全部拿来吃饭都不够，洗衣服、理发的钱更不用说了。虽然如此，同学们并没有丝毫怨言。他们离开了敌人践踏下的家乡，含着无限的愤恨，更专心地苦读，把所有的时间埋在图书馆里，发掘他们光明的前途。他们是在等待着有一天报国机会的来临。

报国寺大雄宝殿曾作为川大师生的食堂。

---

① 《校闻：新生院举行乒乓比赛结果公布》，《国立四川大学校刊》，1941 年，第 10 卷第 4 期，第 4 页。

四川大学迁峨后，学术风气日趋浓厚，有鉴于平日课余之暇，尚少共同研究及交换意见之机会，各位教授就在报国寺普贤殿发起教授座谈会。每月不定期举行聚会，会议内容多为教学、校务等问题。川大迁往峨眉后，因为战争各种物价高涨，师生生活难以保障，又因为峨眉县城地处偏僻，峨眉山下寺庙校舍又在峨眉县偏僻之处，日常用品的购买极为困难，教授们多次召开平抑物价问题座谈会。四川大学教职员原有筹组消费合作社计划，后召开座谈会，一致决议筹备组织，并推举沈履教务长、刘觉民总务长及梅远谋、朱显桢、叶叔良等五教授为筹备员，叶叔良教授为召集人，朱显桢教授为社章起草人。现各项准备已粗就绪，短期内可望召开大会，成立合作社。

报国寺普贤殿。川大在峨眉时用作举办校务会议、接待宾客的主要场所。

而学生组织的生活社要先于教授的合作社。学生利用课余时间，发扬服务精神，组织生活社，集聚股本二千余元，营建极简单雅致房舍一座，出售日用物品。该生活社开设以来，每日生意甚为发达，师生购买各种生活用品十分方便。

由于川大在峨眉分散在伏虎寺和报国寺片区，万行庄和保宁寺片区，鞠槽片区，三地之间往来十分不便，加之战争引发通货膨胀，物价飞涨，师生们的交通问题越发明显。峨眉县特别发布公告："查以避免空袭，商民疏散以致物品缺乏，价值增长，业经出示查禁在案，除再令由商会评定日用物品价目外，兹将峨眉县城至报国寺包车、滑竿、力夫价目分别规定布告施行，连同峨眉县城至报国寺包车、滑竿、力夫价目表一纸赍送。"这一纸公告确定的三地往来交通费，使川大在峨眉三片区交通费日益高涨问题得以暂时解决。

川大新精神[①]

国立四川大学由前国立成都师范大学、省立四川大学等校合并而成，自去春来校讲学迄于今兹，躬逢川大成立八周年纪念庆典。

川大固由此前各校合组而成，而川大精神非从前此各校精神之总和，实自有其新精神，犹之氢氧合而成水，而水具有新性质，与前迥殊。盖由量之继增，转为质之突创，川大乃创而非因也。物性弥演而弥变，校风日新月异而岁不同，过去川大精神已异乎前此各校之精神，今后川大精神又将异乎过去川大之精神。然则今后之川大新精神果当如何耶？川大为国立大学之一，地在四川，时值抗战，就学者各省皆有焉。而川生较多，川大新精神殆将反映中华民族之共同精神与四川同胞之特殊精神，而放一异彩，有以适应抗战建国之所需。析其因素，约有三端：

刻苦研究之精神。凡百学术靡不由刻苦研究而得。自然科学、社会科学既资，夫观察、实验、调查、统计、文哲之学亦赖耳治目营，口诵心惟，而手习必如是，乃能有所收获，断无安坐倖致之理。由苦得甘乐，乃无量治学，而知甘苦者皆能道之，此犹第就平时言之耳。战时环境塞屯万状，苦学精神，更频淬厉。川大文法理三院移入山寺，供应自多不便；农院独留蓉郊，犹频冒寇机威胁。然校未残破，图书仪器尚完整，只需教者学者精神奋发，自足以克服一切艰危。峨眉多数师生，布衣芒鞋，藿羹脱粟；携杖登山，焚膏继晷。无论在峨在蓉，极深研几，刻意发明，苦心创造。所有研究结果，足供军事建设、经济建设、政治建设、心理建设各方

---

① 黄建中：《川大新精神》，《国立四川大学校刊》，1939 年第 11 卷 11 期，第 4—6 页。

面之用。其有裨于抗战建国者当非浅也。

劳动服务之精神。人生以服务为目的，不以夺取为目的，总理常谆谆诏示青年矣。服务必须劳动，不劳而获者必出于巧取豪夺。刻苦耐劳，乃四川同胞固有之特殊精神。山中男妇，担负相望，耕耘樵绩无间朝夕。川大同学多来自农家，观感所及，当益兴奋。况值出征将士，喋血疆场，山居静念，能无愧汗？凡我全校师生知必于用，奋起深入民间，从事一切训练宣传，推进新生活运动，实行国民公约与精神总动员纲领。同学更将不遗余力协办义务教育、民众教育，提高农民政治常识及生产能力之水准，并参加防空、防毒、救灾、恤难，协力警政、兵役之推行。长此在校服务，养成劳动习惯、治事经验，将来出而为社会国家服务，从事建设工作，自能仍以一贯精神赴之。

战斗牺牲之精神。中华民族对外之共同精神向为信义和平，暴日破坏国际信义，扰乱世界和平，以威胁我民族之生存、国家之独立，我即为此而抗战。在抗战期内，凡属国民皆当准备作战斗员，在国家民族之下，牺牲一切私生命。军兴逾两年，大学生除自愿从戎者外，概未强迫服兵役。川大同学远在后方，僻处山林，非畏死偷生也，盖将留其身有待也，成其学以有为也。有体育以锻炼体格，有军训以增进技能，有军事管理以养成整肃敏确之良习，有精神讲话以激发奋斗牺牲之勇气。刻刻以忠于国家、孝于民族为念，时时以仁爱全国同胞及举世人类为怀。平居以牺牲个人利益为牺牲生命之初步，以战胜自然环境为战胜强敌之始基。磨砺以须，及锋而试，万一军事干部需人，征召及于大学生，必有剑及履及，争为国家民族效命者。将来平倭功成，名标战史，川大何遽无其人哉！

以上所陈，为川大新精神之主要因素。即为达此主要目标之伟大作用，有刻苦研究，劳动服务之精神，乃可以参加建国；有战斗牺牲之精神，乃可以参加抗战。四川介乎西北西南之间，为建国首善之区、抗战根据之地，川大则为西北西南之间之最高学府，建国固以建设四川为先，抗战亦以建设四川为急。西康犹川也，今国难深重，建设川康，首先转移风气，恢复精神。将由建设川康而建设西北西南，而建设全国。抗战胜利之日，即建国成功之时。风云际会，人材蔚起，川大同学共勉旃！

纪念川大成立八周年 ①

岁月不居，川大成立迄今已历八载。回溯八载前创立本大学政府，诸公及教育人士之热忱毅力，深谋远虑，及其披荆斩棘、筚路蓝缕之功，诚足以敬佩而永垂不朽。

今日之川大，为当日诸公心血之结晶。吾人今日不仅注意八年来之校史，而尤须注意者，则在川大诞生前之一段创造历史，此应纪念者一。其次川大成立之年，即"九·一八"事变发生之年也，从此时起，我中华民族开始蒙空前之大难。倭虏腥殖开始污染我锦绣之河山。川大在此国难初发时成立，与国难以俱来。八年来学校本身由草创而安定，更由安定而发展，历史虽短，气象尚见蓬勃。至国难则与年俱增，长城之役、冀东事件、卢沟桥事变，乃至今日之全面抗战，吾川大之成长，均在国难时期之中，无日不为紧张气氛笼罩。历年全校师生忧勤惕厉，于艰难困苦中仍努力做学术之研究，饱受国难之磨炼，国难愈重，研究学术心志愈坚，此种经历，异于他校。抗战军兴，枢府西移，川省成为复兴民族根据地，而我川大实为其支柱，使命益重，奋斗愈力。本年于敌机狂炸川省情形之下，迁徙峨眉，虽系迁移，不殊新创，此则为川大之大变动，当更有新生之机。在此名山，逢此校庆，吾人应如何凛然于八年来川大成长之匪易，而益失精勤，愈加淬厉，此应纪念者二。复次，川大成立较晚，虽春秋八阅，实尚在发轫时期，其历史较欧美各大学自不可同日而语，即较之国内著名大学亦难等量齐观。然时期虽短，而因历史及地理之特殊，及历届当局之励精图治，成绩亦斐然可观，较他校似无逊色。以言设备，则今日当以川大为最佳。盖战区各大学均遭破坏，而川大从未受何损失。此次迁峨，系有计划之迁动，非仓皇避地可比，故图书仪器及一切校具仍均完整。以言毕业同学，则先后已近两千，服务省内外，成绩均能脍炙人口，此应纪念者三。

---

① 傅况麟：《本大学八周年纪念论文：川大成立八周年纪念日之回顾与前瞻》，《国立四川大学校刊》，1939年，第11卷第11期，第3—4页。

虽然吾人诚不能以此自满也，今后之川大正待发奋努力者尚多。吾人一方应宝贵过去之历史，一方应憧憬未来之新生命，从而殚精竭虑。今后劳力之方向固多，要之当出本人前次在纪念周所报告之三者，即造成研究风气、加强组织训练及发挥服务热忱是也。利用新环境，养成新学风，开校史之新纪元。念兹在兹，矢勤矢勇，则最高学府之川大学术地位自能逐渐提高，民族复兴根据地之领导人才自能逐渐增多。而对社会事业之成绩表现，亦能逐渐优良，尽力以赴。则校蒸蒸日上，在举行第九届纪念典礼时，吾川大当有一崭新活跃姿态与国人相见也。

附录

史学系三年级学生刘沛仙失足跌崖殒命①

四川大学史学系三年级女生刘沛仙，平日品端学粹，极为师友所器重，每期考试成绩均列前茅。本期该生应考，预备功课尤为勤奋。1941 年 11 月 15 日，午餐后和女同学一人持书往校侧僻静处温习，正行至女生院旁百余步木桥，手捧《隋唐五代史》，低首沉思之余，突以目昏，失足坠于桥下。两夹崖壁，高约数丈，怪石嶙峋险峻，当时神智昏迷，横卧崖石之上。学校闻讯，立派校医往该处救护，伤势甚为沉重，脑部震动甚剧，腹、肺、胃各部均受重创。虽经校医细心诊治，注射强心针及葡萄糖针数十次，神智终不获清醒。15 日晚呼吸曾停顿三次，均经救护恢复，终以伤势过剧，医治无效，延至 16 日午后不治殒命。校中教职员学生，均极惋惜云。

祝屺怀先生事略②
李思纯

祝先生讳同曾，又讳固，字屺怀，四川华阳人。先世籍浙江上

---

① 《校闻：史学系三年级学生刘沛仙失足跌崖殒命》，《国立四川大学校刊》，1941 年，第 9 卷第 12 期，第 7 页。

② 李思纯：《祝屺怀先生事略》，《国立四川大学校刊》，1941 年第 11 卷第 9 期，第 4—6 页。

虞，高祖某以典史宦于蜀，遂家焉。考讳介，字彦和，受学湘潭王壬秋闿运，以贫，故习刑名家言，历馆州郡。清光绪十年甲申，诞先生，其生日与曾祖同，遂锡名同曾也。彦和先生，通乙部掌故之学，治诸史最勤。先生生而强识绝人，年十二已毕群经，旁及四史通鉴，略能默诵，其家学与天性宜尔。自蜀兴学校，彦和先生晚年教授诸校历史，先生绍父之业，亦终身为史学教授以殁。蜀人言史学，无不知祝氏父子。清光绪末，在蜀名宦学人，无逾遵义黎纯斋庶昌。时方使日本归，得秘籍，官川东兵备道，彦和先生馆于道署为幕客，携先生在渝。故先生幼年曾接纯齐，稔熟黎公。故渊雅，藏书至富，宾客多胜，流濡染固，已异于众。光绪丙申，先生母丧于渝，父子偕扶柩西归，先生哀毁骨立，自是体弱多病，故彦和先生，字之曰屺怀，哀其志也。后随父游幕内江□，流□明诸郡，伴旅草次，父子相依，□指讲尽，未尝一日□学。

甲辰，先生年二十一，入华阳县学，时新政初举，考入四川高等学堂。同学多革命党人，先生故习闻梨、州亭、林船山诸家之学，尤熟晚明轶事，服膺种族大义，睹清政不纲，慷慨有经世志，遂潜入同盟会，密誓于成都东大街小客馆中，主盟者黄君复生也。同日加盟者四五人，其一谢君奉琦，不久举义宜宾，失败以殉。自是凡川中举罢义诸役，先生密规阴赞，未尝不身预其间。先生虽加盟，惧党为家人知。己酉，以父命应试，成拔贡。明年入京师朝考，报张归蜀，为第三小学教师。名则学校，实则革命党人巢窟。诸入人气谊相感，其后更创为乙辛学社。

辛亥，蜀军举义，同学归培□开府重庆。成渝合并，以副都督为四川民政长，辟先生然□府，府中参赞八人，先生其一也。复受命宣抚川北诸郡县□，先生以参实仅供咨询，开□宜，汰冗官，节财用，首请裁撤，了身萧为学校教师。自此，终身不复从政。时共和初创，人皆攘权夺，备诸帅状，而先生澹泊自甘如此。先生常语愚曰："同盟会之兴，少年志士热血奋腾，散财殉身，不稍借其气概，殆可惊天地泣鬼神。洎革命既成，袭□志士，乃有竞权利，受贿买，溺财货者，卑劣殆胜清官吏，滋可概也。"故先生终身不复□党，而专事讲学。初教授成都华阳□中学，及联合□学选科师范，高等师范诸校，每星期讲课□二十余小时。盖俸薄家贫，非此不足自给，以□劳瘁最甚，体盈羸。

民国七年戊午，巴县杨沧白庶堪为四川省长，而井研熊锦帆克武督川军务，以先生为同盟旧友，又深于学，遂聘任四川省立第一师范校长。维时蜀兵祸累年，学校窳败，士奄奄无生气。先生锐意改革，瘏口瘁心，出以悃愊，黜华崇宾，一切以身为范。庚申春，先生欲出游考察，策进校事，又以晚近日本人极言史学，多所著述，思一觇之，乃呈请政府自费游日本。甫至东京，即患盲肠炎，殗殜数月乃已。归国复考察沪、宁、燕、鲁诸校，返蜀。熊杨既去，政治益紊，教育经费拮据，所欲厘革建设诸端，格不专施。遂翩然辞校长职，而任教如故。丁卯，国立成都大学初创，先生任讲师，□改教授。辛未，蜀中三大学合为今国立四川大学，先生仍为史学教授。甲戌，四川主政者创重庆大学，明年延先生为史学系主任。先生以友好敦促，赴渝任事者岁余。丙子，议裁重复院系，其文农诸科复并于四川大学，先生再归成都，教授，以迄于殁。

综先生一生，自民国初元，教学垂三十年，生徒盈万，成材甚众，而家清贫如昔，身无余资，惟成都老屋蔽风雨耳。先生有庶母，育男女各五人，其后五男患伤。先生于父之殁，旧有田宅，悉让与庶母诸妹，独取藏书及屋一区而已。寻诸妹田相继售作嫁资，庶母老病，诸妹有幼读者，先生事之怡然，孝友弥笃。井研廖先生季平，与先生父为至交，知其内行，书"孝友可风"四字为赠，先生受而藏之，终身未尝示人。

中日战起，敌飞机数袭成都，死伤者众，先生售宅，移居东郊卢家堰，莲塘茅□，啸咏其中。大学既迁峨眉，先生携家至，僦居僧寺，与愚为邻，逾一岁。愚之识先生，既二十余年，今以邻近，乃相知□深。大学寄山寺授课，必登石级二百余，先生勉登，则旧患咳血疾且作，故登必以舆。顾战时物价昂，舆资费巨，修俸殆难自赡。辛巳暑夏，□期休沐，先生移家归成都，适酷暑为二十年未有，汽车在烈日中数百里，愚窃为先生虑，果卜□先生，竟以咳血卒于家，距首途才四五日耳。

先生为人，微黔黑，清凛骨立，闲雅如病鹤，愚戏谓貌似枯禅。少既通敏，四部书无所不窥，其于史学殆由天授，凡诸名物、典制、政俗所以废兴存亡之故，口诵臆持，援据详覆，沉酣其中。其治史以烂熟正史为务。壮年点读二十四史，多过于诸史纪□，强半成诵，尤当熟诸史异同，明其得失，如《史记》与《汉书》异同，《后汉书》与《三国志》异同，《晋》《宋》《齐》《梁》《陈》诸书与《南史》异同，《魏》《北齐》《北周》诸书与《北史》异同，新旧《唐书》、新旧《五代史》异同，《宋》《辽》《金》诸史所载异同。条分缕析，言之历历，其发见有远的于王应麟、王鸣盛、赵翼以外者。每升座授课，言辞风发，引证繁博，诸生耳受笔追，苦不能尽。愚常读《史通》，曲笔篇中，有"秦人不死句"，注云未详，质之先生，应声曰："见《洛阳伽蓝记》！"其强记如此。先生为学颇尊信正史，于晚近治史风气，或好征引杂书小记，以疵疑正史，或专攻史中细端，自翘异为专家，而不读全史，甚以为病。先生之言曰："正史固不足全信，然杂书小记之未经审考，其不足信，乃较正史尤甚。取以致疑正史，未见其可，又必熟读全史，乃可专研其中某篇，若徒炫新奇，专攻枝节□而抹于全史，亦非求真之道。"又云："正史未得真象（相），不妨博求例证，其已得真象（相）者，不宜妄疑，谬欲推倒。"居常每举荀子"信信，信也；疑疑，信也"，以教学子，盖其不妄信妄疑，实符于近代史家所谓科学精神。先生近岁方教隋唐五代史，案头《唐五代会要》《唐律疏义》《通典》诸书，纵横罗列，其讲授卓有条贯，综括一代，非肤受之徒，所能比拟。然体弱多劳，病肺咯血，讲课方终，已感疲惫。又天性矜慎，不喜苟作，以骇世表禄为可耻，故著作不多，亦无赫赫名。若其深造自得，纯熟精通，庶几刘道原、范淳夫之伦。求之当世名儒学者，未能或之先也。平生所欲著书，多未能就，尝欲撰《通史》二百万言，自成一家，体例饬修，成秦汉六朝及唐五代诸篇，赵宋以下，未及写定。其书经纬本末，特论平通，而卓持闿发，往往为世儒所未及。癸酉会侍即奂如，倡修《华阳县志》，请林山腴先生主其事，先生亦分任之，其《疆域纪事》，即出先生手，山川水利诸篇，亦多裁覆。书成，文章渊雅，纪述翔实，论者多归美焉。先生遗文，其弟子殷君、石臞、孟伦搜得三篇，一曰《律音义跋》，以江苏局刻；《唐律附影宋钞律音义》一卷，与《爱日精庐》影宋本相校，知其互有误字，复因以推知罗振玉《□石龕丛书》之误，证其不出于北宋天圣本；又《罗氏跋尔自元三元亮唐律释文纂例行》，此书不复有刊本，先生以清光绪辛卯诸可宝□江苏局刻本为证，斥罗氏之非，言事精□，曰："唐仲友事略，宋史未立唐传。"先生采《朱子年谱》《宋元学案》《宋史·王淮传》《鹤林玉露》《齐东野语》诸书，辑为事略，颇有稗史实。又其一曰："南川韦君墓志铭，表彰隐德，文亦典饬，又常裒集诸史中。"蜀□乱事，得数十条，拟为文论之，今不存。晚近蜀人以史学鸣者，有合川张式卿森楷、天全杨兰皋赞襄、罗江叶秉诚茂林，然式卿雄豪，非儒者象。兰皋早卒，学亦未精；秉诚从政，多亲世务。我和先生充实光辉，粹然君子，平生体任自然，不拘世俗仪节，愿外和内刚，非可干以非义。嗜欲既寡，惟自放于杯勺，壮岁宏量，能举数十觞。尝饮庞君石帚家，众请以诵书行酒，先生默诵《庐江小吏》篇，不误一字，座皆惊服。又嗜佳茗，尝为愚言："域内南北佳泉，所号为第一二！"以迄八九，皆得饮之，颇□自喜。兼留意摄养，黎明即兴，夜恒早眠，壮年游山，好登涉险阻，其后体浸衰，游兴亦减。平居渊默，遇初识面人，辄寡言笑，及良友聚谈，则议论风发。性近风雅，书册中常夹花瓣，细书年月，或东坡诗句于其上，自署别号曰"寒江翁"。友有劝以归佛者，先生曰："佛法微妙，余所稔知，特于了生死一说，未能起信，伪为归趋，是失真也，故不能从。盖其制行一准于真，宜皎然介白，而轶俗虽未归佛，固不异佛矣。"先生病肺深，其卒也，咯血哽于喉，窒息卒殒。妻子外出，未在侧侍。以中华民国三十年，辛巳七月卒，年五十八，葬卢□堰。配李夫人，贵州遵义人，名儒郑子尹外曾孙女。子二，者孙，诒孙。女一，□。先生知旧，多硕彦，度必有文辞传之不朽。愚窃不自揣妄，就所知述其崖略，用布当世宏达君子，以览观焉。

十二月六日本大学追悼向祝两先生纪事[1]

向仙乔院长代表主祭

事前筹备：本大学中国文学系主任向宗鲁先生，十一月十二日于善觉寺教职员宿舍在职积劳病逝，及史学系教授祝屺怀先生，暑假返蓉，旅途劳顿，致咳血旧疾复发，不治病故。

本大学教职员及学生于两先生之逝世，莫不深致哀悼，后于十一月由文学院发起追悼向祝两先生大会筹备委员会，由该会函聘各院系教授，及各处组织员多人为委员，并由殷孟伦担任该会总干事，屈爱艮任文书干事，郑异材任布置干事，毛玉柱任会计干事，徐光谟任庶务干事，刘芄如任招待干事，商定于十二月六日午后一时，在本大学伏虎寺大礼堂举行追悼会。

礼堂布置：礼堂大门前，扎有柏枝素坊一座，横额上书"追悼向祝两先生大会"字样。进门左侧设祭人签到处，右侧特设向先生遗书遗著展览处。遗著手稿，计有《月令疏证》《巴县疆域沿革志》《说苑校证》《校雠学挥弦斋杂录》各种；尚有已自成书，而未写定者，如《易疏》《左传疏》《管子》《淮南鸿烈集解》《文选》诸书；其余批校之书甚多，如《十三经注疏》《尚书孔传修正》《韩诗外传风俗通》《水经注》《颜氏家训》《柳集点勘》《文选李注义疏》诸书。灵台正中设向宗鲁、祝屺怀两先生遗像，仪容静穆，宛若生前。像旁悬程校长天放挽联，祭桌上陈设鲜花果品，烛光摇曳，香云缭绕，两旁花圈成丛，芬芳四溢，礼堂四周遍悬全体员生致送挽联诔词，景象庄严肃穆。

追悼情形：是日午后一时，举行公祭，届时参加行礼人数甚众。计到文法学院教职员学生，及理学院新生院代表。由向院长仙乔代表程校长主祭，法学院兼代教务长朱显桢，训导长柯育甫，总务长刘觉民，史学系主任李季谷，教授李炳英、李哲生、陈季皋等陪祭。行礼如仪后，由郑异材、廖履中、陈树安三君恭读大会祭文，及各学术团体祭文，声调悲壮沉痛。次由主祭人代表程校长致追悼词，略谓：

---

[1] 《校闻：十二月六日本大学追悼向祝两先生纪事向仙乔院长代表主祭》，《国立四川大学校刊》，第11卷第9期，1941年，第8—12页。

"两先生相继逝世，不仅为四川大学之损失，亦中国学术界之损失！"又谓："两先生素业贞粹，笃行好学，人格修养深可为后进楷模，学生造诣，自足千秋，而诸生应如何绍述两先生遗志，发扬两先生治学精神，方不失举行追悼之意义。"词毕，由陈季皋、李哲生两先生分别报告向祝两先生生平事略，对于为学立身诸大端，甚为详尽。最后由主祭人向院长致闭会词，到五时散会云。

大会祭文：蜀建国产，十年于兹。绵绵赫赫，宿硕是资，得君两贤，群曰有师。纵贯文史，好学深思。如金有范，如楹有楷。开发头角，固获局基。丹黄白亚，授业解疑。如何不淑，相继长辞。祝先□病，休夏归里。火云肉山，蒸车如毁。锦水东邻，一夕不起。喷血满喉，遗书在□。史有千秋，人归九地。向子强年，渊然道器。经籍九流，博闻强记。高邮余风，赖以不坠。车殆行劳，卧疴山寺。今又往矣，谁绍君志？风义平生，责任后苑。峨山高高，虎溪长流。大才不世，埋之九幽。君子息焉，小人则休。祭酒焚香，魂兮少留。

国立四川大学校长程天放暨全校教职员学生等：

维中华民国二十年十二月六日，受业弟子屈沛仁、王利器、王振□、屈爱艮、廖履中、王利仁，以山馐野酌，敬祭先师宗鲁先生之灵曰：岁占蛇厄兮，道尽麟穷。贤达继丧兮，哀痛曷终。曰若夫子兮，当世儒宗。年谦火衍兮，先圣所幢。追惟此行兮，迂途西方。觅徐临穴兮，想象神凶。跋涉兮阻长，奇疾兮迷茫。商量兮和绥，束手兮张皇。岱颓其宗兮，木废其梁。哲入云萎兮，或安仰放。及门兮外墙，入室兮升堂。将知兮或否，退逸兮咸伤。昔闻初学兮，咀嚼苦茶。行遭拂乱兮，俄及体肤。人师百世兮，百世日期。谓大聪关兮，降任在兹。□夫子之壮行兮，司木铎而振声。嫌一身之未周失，恒交怨于东西。登高临深兮，言观其林。不网之钓兮，取端在心。马鸣一顾兮，鱼跃其登。为龙为骥兮，定价斯马。具举四科兮，偏难十子。自量壶门兮，鸟知江海。方冀年时兮，傅人绍作。乃退乃休兮，微立可托。如何昊天兮，为此人师。方成力毁兮，岂曰无私。嗟我夫子兮，限兹大故。闵□小子兮，顿夫趋步。如彼飞轮兮，变风天路。如彼济舟兮，落帆中渡。道岸天池兮，飘摇何处。矧师之门兮，父老子幼。终鲜兄弟兮，薄田畸畜。遗著必芬兮，心血伊存。载之末年兮，有睹必先。今我同门兮，相要则云。剿袭诬加兮，凡负师恩。与世共弃兮，师灵实闻，已矣哉！百身何赎兮，七子莫奔。故乡千里兮，亲舍白云。出思□室兮，徒叹临川。泪洒江皋兮，心热如焚。重日观文范兮，禳禳。入儒林据，苍苍。日若夫子希圣哲兮，将安往而不王。唯道无疆兮，形靡有常。老彭寿□兮，何短何长。

挽诗汇录

林山腴先生挽向宗鲁先生诗：

> 诗人卧伏虎，吾忆将金坛。
> 灵境今同寄，辈吾竟不还。
> 帷空鸟队讲，灯歇道场山。
> 谁遣峨眉月，凄然照玉棺。
>
> 雠校平生志，丹黄手未停。
> 鬓丝添缕缕，汗简失青青。
> 室挽贤妻诔，碑迟有道铭。
> 巴江字三哲，归棹负重轻。

挽诗〔联〕汇录

程校长挽屺怀先生联：

乙部仰长林分襟佛地无旬月
辛年逢厄关拥□洪流失此人

程校长挽宗鲁先生联：

石渠辑略尚冀承家风雨晦名山三载旅魂归善觉
向秀诖庄犹稽写定业残衷剩稿及门收骨返乡林

向院长挽宗鲁先生联：

硕彦得吾宗弘远业育英才频年讲学名山忽一病无方乌乎先生归也

沉忧欲谁语有老亲余妇孺独自吞声关路剩多篇传后大哉君子息焉

向院长挽屺怀先生联：

全史罗心胸穷白垩污衣耗矣平生几斗血

余哀几今昔此会黄花作蔫然长赋一秋悲

柯训导长挽屺怀宗鲁先生联：

秦汉□章马班才笔学综□文史名家

岷峨俊彦巴蜀师儒岁厄龙蛇同谢世

朱院长挽宗鲁先生联：

人生到此天道宁论大俞绝关元岂有参茂能误死

佛法相因我闻如是国□空讲贯更无芝秀可疗饥

朱院长挽屺怀先生联：

谁苏已远吏关无征斯尚□□典型名山倚思南左

张叶云亡讲坛谁继大雅何□落哀鳌无光留户廷

刘觉民、陈烈甫、梅远谋、叶叔良挽屺怀宗鲁先生联：

祝先生冒烈日而去，向先生沐冷雨而来。叹息病根都是种在困苦的途程，大家应呼吁政府供给便利的公路交通，我们的生命才能多一点保障

屺夫子通乙部之学，鲁夫子传石室之经。仰望文采皆由树立博大的基础，同堂须勉承遗志继续需要高深的学术研究，逝者的精神会千古长存

周癸叔挽屺怀先生联：

王室如毁畏日如焚七尺躯折叠平中如沸如羹赪尾困鲂鱼梦讲汝坟

贞异兆

昊天不平哲□不禄一腔血喷盈喉内不吐不咽坐隅飞鹏鸟遗文宣室
待征求

周癸叔挽宗鲁先生联：

遗书空漫卷归魂梓里江风吹浪动云根

大药竟无功敛手桑门山月扶霜砭旅骨

李蔚芬挽宗鲁先生联：

万卷丹黄自有千秋舟满赖衣妮丕振斯文期后辈

一生欣笑会无几日天寒凉霜雪忍教穷命毕荒山

李蔚芬挽屺怀先生联：

二千年阅尽兴亡旧笔无扰词老去荒山传绝学

两三日不闻□□发书惊噩耗忍含枯泪展余篇

文书组挽宗鲁先生联：

讲席重名山小病不斟可怜满腹奇书长埋

归字水扁舟似叶稳载一棺碧血永必迁神

徐中舒、黄文弼、束世澂、朱义胄挽屺怀宗鲁先生联：

文史各千秋是梁益名师秉岷峨秀气

儒林归一传继马班才笔扬孔郑宗风

经济学院挽屺怀宗鲁先生联：

博学无伦回首那满怀绛帐

因附而教伤心觉已失良师

殷孟伦挽宗鲁先生联：

术业绍高邮之传曰道冥影乱世知交余几辈

名德与青山不朽遗文满箧礼堂写定待何人

毛玉柱挽屺怀先生联：

刘歆创七略想平日精研博览穷治史学

李充传四部问后世攻读如何□愧先生

体育组挽屺怀宗鲁先生联：

嗟君各具长才文史千秋人两个

此会几生修定凄凉一痛目重昏

党义研究会挽宗鲁屺怀先生联：

明月清风怀教泽

残山胜水读遗篇

郑异材挽屺怀先生联：

锦江游学亦尝师事先生丧乱入山深侧闻绪□史文闲话辰□移日景

□路同盟固己勋传党籍公卿让人好老欲栖遑□席□更蜀道累尘劳

朱义□挽宗鲁先生联：

交臂□汉皋此来连席谈心一却遂成千古

峨麓□曾见□经遗□芳闻他日永重名山

李思纯挽屺怀先生联：

立身兼柳惠伯夷秉躬胡大义淑世高怀萧条异代儒林传

治学跻子立渔仲忆都讲上庠搜奇乙部辜负平生史馆才

李思纯挽宗鲁先生联：

萧寺一棺悲铭□戕生学萃九流经籍志

巴山千里隔文章憎命名高七略校雠家

朱荣新挽宗鲁先生联：

数十年寒窗□钻研朴学始克前绍高邮□后追余杭文章考据芳□振蜀国岂意东倭肇乱兵革扰攘无数赤子苍生流离死亡先生犹能不辞艰险来峨讲学瞻仰眉宇实深钦羡

三千里隽才会合庆祝校诞方期左列琼浆右陈瑶席负管繁弦清音薄云天忽闻师座□亡同堂错愕多少鸿儒硕彦吞声饮泣吾辈□堪薄陈俎酒向灵抒怀追念平生尤感悲伤

金孔章挽屺怀先生联：

悲风蚕丛国冷月凤凰坪博士生涯同一瞑

史笔龙门篇经师白虎观名山著述各千秋

曹成钧、周剑秋、黄定钊挽宗鲁屺怀先生联：

伏读渝州我曾受业研朴学

顷闻噩耗公已化羽登仙堂

医药卫生组挽宗鲁屺怀先生联：

骎骎君子霜露先危异代谁知□□□

寂寂名山风流遂远门人应庆鸿宝书

十周年纪念参加返校节毕业学生挽屺怀宗鲁先生联：

重来存问师前谁知吊在室贺在门吉凶同域

此去相逢地下依旧刚读经柔读史甲乙分庭

刘彦沧、陶均传、彭安孝挽宗鲁先生联：

师道沉巴水

招魂赋楚些

李秉乾挽屺怀先生联：

四年锦水春风石室横经愧无显志庚渔仲

六月归途畏日峨眉撰杖觉似债车厄伯夷

文书组挽屺怀先生联：
弦摧蜀国魄掩西倾史学坠三长满箧丛残渔仲志
剑没丰城气连南斗钧天陈九辨一编古佚帝魁书

出纳组挽屺怀先生联：
前型痛老成如拾遗书长留益部先贤传
强识□余事偶因行酒犹觉□江小吏篇

出纳组挽宗鲁先生联：
文章尔雅信堪传更考订搜穷嗟君年似汪容甫
风义平生今永诀祇高文思旧愧我才非向子期

刘仲庚挽屺怀宗鲁先生联：
十三经校记犹新丛稿论平生瓣香私淑王怀祖
二千年兴亡看饱遗文留衍笃健笔能追诸少孙

外文系挽屺怀先生联：
早着祖生鞭酬勋反摈党人传
空怀班氏志搁笔谁赓蒙元篇

外文系挽宗鲁先生联：
绝学继高□淮万毕惊鸿宝传
缮生无特健蜀国垣方见越人

曾宇康挽屺怀先生联：
笔扫五千军欲稿难殿流试否方期劳载
胸罗廿四史嗟典遽失劝惩未许继阳秋

汪奠基、胡元义挽屺怀先生联：

通史长才伤祝子

博闻强记数斯人

汪奠基、胡元义挽宗鲁先生联：

毕经立象勘书乐

博雅方知著述优

曾宇康挽宗鲁先生联：

一代仰奇才犹忆哀时多难推序惕中经籍独倡系乾坤

千秋期盛业空教探颐索微研精□思典型顿失怆儒林

柯召挽屺怀宗鲁先生联：

文坛伤巨擘

史学失良师

王文元挽屺怀宗鲁先生联：

松落上空闲□怕引他山句

风凄雨紧拙笔难胜旧雨情

余俊生挽屺怀宗鲁先生联：

子云司马同归去

流水高山共感伤

楼公凯、吴诗敦挽屺怀先生联：

博通经史教学卅年弟子三千满西蜀

有功党国孝友一生楷模千古并名山

田有则、章映槐、郑涛、吴□□等挽屺怀宗鲁先生联：

久为派望所归穷史研经强记博闻隆国故

何意两贤继谢悲秋哭夏伤心私淑失良师

生活指导组挽屺怀宗鲁先生联：
箧笥有遗书一世辛勤终论定
音徽无绝响诸生黾勉继成规

陈尊默挽宗鲁先生联：
结交历三十年相赏相违出牝牡骊黄以外
心血周五千卷论文论学在孙洪惠戴之间

胡芳屏挽宗鲁先生联：
行路信多难为六经求传人不惜奔波千里
遗书终有托俟百世期来者何尝寂寞一棺

屈爱艮、屈沛仁、王利器、廖履中等挽宗鲁先生联：
手教几时忘丁宁箧简楹书把臂讵知成末命
心丧何日了收拾儒林文苑失声相向哭先生

（编者按：向祝两先生挽联甚多，以上汇录者，系照追悼会文书股所送登载。）

专注学业
兴办社团

抗战以来，川大是国内唯一没有遭到日寇破坏的大学，实为川大之幸。如果乐于享受这种幸运而不求进步，则这种幸运将会铸成明日的颓废。川大师生在这孤僻而美丽的峨眉山下，外表上像与社会绝了缘，而在内质上充满了蓬勃的生机。师生并没有因物质的贫乏、生活的不适而懈怠，反而继续致力于课业探索、学术研究。课余之外各种学术团体、学生社团正如雨后春笋在急速的成长。

1937 年度国立四川大学校务概况（部分）：抗战爆发后，大批沦陷区大学遭到破坏，四川大学收容帮扶沦陷区内迁学生，聘用沦陷区内迁教员情形。他们后随川大一同迁往峨眉，川大聘用教员中不乏一些知名学者，充实了川大师资。① （现藏于四川大学档案馆）

---

① 《第一　学生概数及收容借读生情形》，1937 年，四川大学档案馆藏。

川大图书馆

民国时期四川大学图书馆，系由前国立四川大学、国立成都大学、成都师范大学、国学专校等学校图书馆合并而成。

国学专校原为存古学堂，在清宣统三年接收官印书局尊经、锦江两书院时期所刻的书版，经、史、子、集精要书计百余种，版片计四万余张，故川大图书馆馆藏数量至为可观。性质上，以国学版本书为最丰富。各校图书馆合并后，图书索引编制非常复杂，从 1935 年起，川大图书馆开始制定统一标准进行编制。图书馆原址三处：在成都皇城内的为文法学院图书馆（师范大学原址），在南较场（国立川大旧址）的为理学院图书分馆，在望江楼新校舍的为农学院图书分馆。

1937 年秋，在成都东门外川大新校址新建川大图书馆。1940 年落成。为三层丁字形馆舍，当时建筑费三十六万，在当时国内各大学图书馆中样式最新。图书馆有书库四层，可藏书四十万册；阅览室两大间，可坐五百六十人；期刊室两间，可置期刊二万册，可坐百余人；办公室八间，可容六十余人；研究室十间，可坐一百五十余人。

1939 年夏，川大本部迁移至峨眉山，图书馆亦迁运上山。文法学院书籍在伏虎寺。1940 年总馆书库在玉皇楼落成，参考书阅览室及期刊阅览室设在祖师殿。总馆书库楼上楼下各两大间，藏中外图书十万余册。阅览室楼上、楼下各两大间，可坐二百余人。期刊室藏期刊万余册。各股办公室四间，各系研究室六间，中外目录室各一间，分置卡片目录箱三座，计一百三十四抽屉。

理学院分馆在万行庄。有书库二间、藏书一万册、阅览室一间，可坐六十人。留存一部分国学图书移至成都外东新建之图书馆书库内。1940 年秋添设新生院图书分馆于鞠槽。新生院书库一间，藏书八千余册；阅览室两间，可坐九十人。1942年秋，又新建师范学院图书馆于报国寺。师范学院书库一间，图书四千余册；阅览室一间，可坐六十人。在峨眉的图书馆、阅览室与书库，均为新建，环境既佳，光线也非常好。

图书馆在峨眉分散在多处，图书馆数量和藏书量虽然充足，但图书周转与人事分配方面十分吃紧，各院系又总共设置了六个图书研究室。其中，文法院借阅图书非常踊跃。虎溪环绕，罗峰拱园，读书期间至感幽静。藏书深山，固然安全，惟峨眉山重岩复涧，云雾蒸发，气候阴湿，藏书时久，易致霉污，胶装书多易脱壳。后来将从国外买回的书籍全移置楼上，位置虽较高爽，但潮气仍难减除，处理仍感艰难。一旦抗战胜利，迁回成都的新图书馆内，改装换面，当可焕然如新。兹将本馆组织、职员人数及馆舍容量、图书数目、分类编制等情况择要分述于后。

图书馆隶属于教务处，设有图书委员会，由各系系主任、院长担任委员，选购应用图书，订定图书馆借阅图书章程等章则。总馆分总务股一人、采访股一人、编目股四人、流通股五人、阅览股三人、期刊股一人、分馆五处，每处各二人。各系研究室管理，由系主任指派助教或服务生管理。

图书数统计

在峨眉山时，川大图书馆有中文图书155118册。大部书，如《图书集成》，有殿本、铅印本各一部；《二十四史》有岭南本、五省局刻本、图文本、铅印本、百衲本各一部；《通志堂经解》、《正续皇清经解》、《广雅丛书》、《四部丛刊》（正、续、三编）、《四部备要》、《四库珍本》、《万有文库》（两集）、《丛书集成》（两集）都备。尤以《四川省全图》计105张，乃清代董东山手笔，彩绘精详，为国内孤本。其他善本书二百余种另详。

外文图书计有英、法、德、俄、拉丁等文，共计28850册，整部图书1900余套，均为整套，中日文期刊计有1247种。当时的国内各大日报均有，伦敦、纽约二大报亦备。自1927年起择要保存，虽幅重大，为史料上参考检查之要件。

目录

川大馆图书是从各校合并而来，以前分类、编制标准各不相同，从

1936 年起将中文新旧书，按照统一标准编目。目录用卡片式，有著书、书名、类名等片目。中文照笔画之多寡，外文照字母顺序，排在目录框内。中西书目本馆共有近 140 抽屉，由于使用者众多，检索目录时常不敷使用。后来按照书架目录编印分类简明书本式目录 16 册，供阅览者随时检查之用。川大以往线装古书，只有归类排列，没有编制号码，且尚未改为立体本，排列较易，但重新改编号码、图书目录类例，要为阅览者检查便利着想。

今后本馆计划

由于川大师生在峨眉各种娱乐锐减，图书馆是大家课余的好去处，图书借阅超期、损毁也较在成都严重。在峨眉时川大图书馆首要就是保证借出图书按期归还，保证图书流通和品相。其次，整理图书与目录，编印善本书和孤本书目录、中外期刊目录、复本书目录、残缺书目录、本校出版书目录。第三，设交换机制。将川大图书馆之复本书与期刊，与各内迁大学交换或出让。第四，设印抄股，馆藏大部图书有残缺者，设法配全或抄印成整。其他地方需要本馆所藏之善本孤本书，期刊上之论文，本馆可为其影印或代抄，以方便互相利用。

附：川大图书馆管理程序[①]

第一章　图书馆主任办公室

一、文书

本馆收发各处文书，由主任核阅，分交各关系股办理。

来往文件，均须登入收发文簿，并编号分别归档。保存以备查证。

二、会计

凡本馆购买图书，订阅期刊添置用品，须由主管股开列请购单经主任盖章送教务长批准后，交会计室核转出纳组、庶务组采办。

---

① 任家乐、李禾主编：《民国时期四川图书馆业概况》，成都：四川大学出版社，2013 年，第 77—79 页。

本馆收支款项，均须登入账簿，并照本校及图书委员会规定预算数，随时计核。

三、杂务

本馆职员，须照规定办公时间，按时办公。因事请假者，应事前照本校职员请假规则办理。

本馆各股需用物品，开具领物单，经主任核准向庶务组领取，有无发给，将领物单副张汇计存查。

本馆各股整洁与布置有特殊事务，通知共同办理。

本办公室前设有建议箱，本校员生得介绍新书与建议与应革事宜，由主任每周开阅办理。

第二章　采访股

一、本股应随时留意本馆未备之图书与期刊，请购或征集。

二、各院系应用图书，由各系主任斟酌预算，开具请购单正副二份，交本馆查明有无，经主任盖章，转教务长核准后，订购请购单照各系归纳，订购单照出版处汇置。

三、图书购到时，须照发票及订购单查核无误后，由点收人盖章，送主任盖章后登账，将正发票交会计室付款，副发票出版处归纳盖馆章与到期并注明实价，及介绍者姓名于书内。

四、收到赠送图书，送主任阅后，填发谢函，注明捐赠者于书内。

五、收入图书，须逐项登入图书登记簿后，送编目股编目，编后照新书目录上将各书分类号注明登记簿内。

六、图书有损失时，应各股签明原因经主任核阅后，在图书登记簿上注明。

七、每半年编制图书新增与原有统计表。

第三章　编目股

一、编目股主管图书之分类与编目事项。

二、分类编目手续

1. 每编一书应先查书架目录，以免号码重复或差误。

2. 待编之图书应先拟稿片（中文书以书名为主，西文书以著者为主）再按分类表详予分类，注明号码于书上书标及稿片之左角。

3. 按照各书情形应制下类各种卡片：（一）稿片，（二）书名片，（三）著者片，（四）加译者原著者片，（五）类名片，（六）互见片，（七）丛书分析片，（八）书架目录片，（九）借书片，（十）指引卡片。

三、缮写各种卡片，与制贴书标书袋等事，主编者须详细审核。

四、编竣图书登送书簿，送书库点收盖章。

五、编制之各种卡片，按照本馆目录规定制度，排入各目录柜内，并随时添置指导卡片。

六、每月终编印新书目录，送主任室公布。

第四章　流通股

借书事项

借书，教职员凭本校徽章，学生凭注册证填发借书证。

借书者将所需之书，填明取书单上，交出纳员转典藏员依号检查；如未借出，交排书者检出书，交出纳员。

出纳员收书后，向借书人取借书证，填明图书登记号，盖上借期印，并将书内期限表盖借期印，同时将借书袋内书片抽交借者，正楷签名后，加上借期印。

出纳员将借书之书片及取书单交登记员，依借书人登明书码、书名、册数于借书存查簿后，并将索书单照日期类号排入借书柜，书片交典藏员，照书码排入借书存查柜。

善本书及装订之期刊，由借阅者填交借书证，在特别阅览室阅览，离室时将书交还。

还书事项

借书人按期还书应带借书证，连书交出纳员。出纳员检书无误后，在借书证上依号盖还书日期印，书交登记员。

登记员依期限单上日期在借书框内检出取书单，盖还书日期印，并在借书登记簿上依借书人盖还书日期印，书交与典藏员。

典藏员照书码检出书片，在借书签名处盖还书日期印，并将书片插入书袋内,书交排书者照号归入架上。

典藏员如查出书已借,书期刊已满,告出纳员,函向借书人索回。

借书者预定借书,索点索书,出纳员交典藏员,将索书单与已借出之书片夹在一处。该书催回时得知有人预约,即通知借书者三日内即来借取。

典藏事项

收到编目股送入编就图书,由典藏主管员点收签名于编目股之送书簿,书交典藏员依号排入架上。

教授选出指定参考书,将书送入参考股,由该股主管人签名盖章,取回书片,由典藏员依号排入书片柜内。各系教授选出专门图书,须送各系研究室者,由教授签名,通知各系研究室主管者来取书,签名于书片,依号排入参考书片柜内。

主管书库者应辅导借书者检查目录,并严格执行书库规约、借书规则。

主管者除执行流通股事项并负整理及保管责任,随时检查架上图书有无凌乱,借书手续有无不合。图书有破损者,交装订者将书片抽出,交装订人签装书片,由典藏员排入书片柜内。装修完善后,装订人将原书送回,将书片注明插入书内归架。

图书如有借失或损坏不堪修订等情,陈明主任,通知借者购还或补充外,并通知采编二股分别注明。

第五章　参考股

流通股送入参考书,主管员将书片签名交流通股,并添制参考书片,参考书目录片按系排列。

学生借阅参考书凭阅览证(教职员凭校徽),依号检交阅者签名与参考片同阅览证号排列。

参考书照章概不借出,离室时收回参考书,在书片盖章插入,阅览证随交阅者。

管理员应随时检点图书交阅览室之整洁与秩序。

管理员应注意参考书之利用及解答学术上之问题。

第六章　期刊股

一、采访股订购期刊日报逐一登明期刊片目，赠送者函谢，缺期者函补，满期者即通知采访股转主任核订。

二、收到期刊报章登记后盖馆章即到期印，即在期刊架上调换陈置。

三、借阅旧藏期刊，由阅览者填取书单，凭阅览证检交，出室时收还，交回阅览证与取书单。

四、随时注意有新出刊物开明请主任添购或征求捐赠与交换。

五、期刊有专题特刊随时编制案引片以便参考。

六、临时检查架上次序，应须装成汇编者，即登簿送装订人签收订成后，检查装订无误后，在原簿上签收并在卡片上注明订成册数，书上标明名目，归入架内。

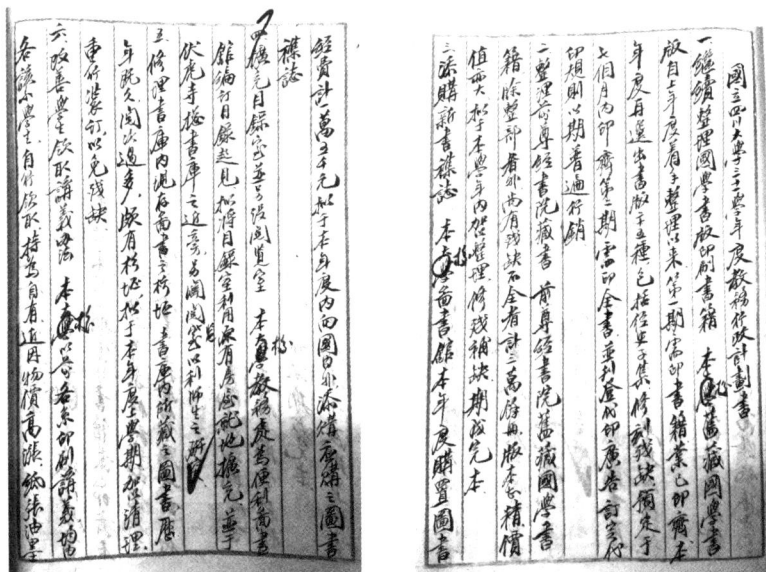

国立四川大学 1942 学年度教务行政计划书（部分）。国立四川大学计划于该学年度内继续修补、整理国学书版并印刷成书，整理尊经书院图书，同时扩修伏虎寺图书馆库房和阅览室。[1]（现藏于四川大学档案馆）

---

[1] 《国立四川大学三十一学年度教务行政计划书》，1942 年，四川大学档案馆藏。

川大图书馆在峨整理旧版书 ①

蜀中文风，自古称盛。蜀刻书版，遐迩闻名。民国时期川大合并时得到以前尊经、锦江两书院书版，均为我国最重要的国学书。蜀中名儒之宏著的书版有四万余块，百余种。因年久失修，若不处理，必致毁烂无遗，是蜀中文献一大损失。而且这部分精刻书版所刊印的书籍，川大图书馆既无余存，市面上亦都售罄。东南各省书版，都沦陷在日寇占领区。川大所保留的书版价值至高，书版的两面都为精刻而成，当妥善保存，对书版修补与复印需求十分迫切。川大成立书版整理委员会，花费 20 万元修补、整理上架，逐一印样校勘，并将残缺和破烂的书版修补加固。但往往外表完整的书版，内部被虫蛀空，不能再印刷，这样的书版很多，要对它们进行照样复刻。

川大图书馆对书版的保护也十分重视。第一，设计保存房间和书架，保证书版通风干燥，不被阳光直射。第二，每年加以灭虫药料（煮洗苦楝子烟骨头），吹干后再次上架，编记书号，书版上也刻书名与页码。原无此项编制，因之整理工作须用熟手，不易凌乱。第三，常用书版印刷成书，既免尘积虫蛀，又使广为流传。

在修补整理书版过程中，先将书版所印样张，按照原书仔细校勘，字残缺模糊，注意填明于样张上。将书版上破损者，用枣木或梨木镶补，并与原版粘合，镶补的花费十分巨大。书版上刻字损毁较多的，就重新刻版，照原书上字样，在薄纸上写好，刻字匠人将整块原版，涂以米汁，趁版上米汁尚湿时，将书写好的薄纸反粘版上。因为纸张薄，又经水湿，字迹呈现纸背，将薄纸揭去，字迹已留印于版上。刻字匠用锐利的刻刀，将版上无墨迹之部分刻去，所书之字，俱成阳文隆起。如有错误，再用小块方木重新刻字遮盖错字。刻补每工每日可刻数十字，新版可刻百字。刻字的工匠大都来自四川岳池，使用的纸张是夹江出产。

---

① 孙心磐：《川大旧藏书版修印纪》，《中华图书馆协会会报》1942 年，第 17 卷第 1—2 期，第 2—4 页。

印刷的匠人右手执二刷，二刷之间连以一柄，一刷蘸墨拂于字上，然后覆纸上，用干刷在其上轻捷拖过，书即印就。熟练工每日可印 2000 多张。因为纸薄而透明，只能印一面。印成全部书后，装订匠将印纸照鱼口折合成页，再经排工按次排列顺序，面底加以湘色封面纸壳，内衬白纸，用刀切齐，用钉加眼，穿以丝线，书乃完成。川大图书馆第一期修整书版 25 种，一万多块，成书发行后，大家对新书赞誉有加。第二期又修整 8 种书版，从汉朝开始的 100 余位名家著作，修补 7664 块书版面。下列书目就是这两批的成果：

《尚书》十三卷；《古文尚书》马郑注，三十卷；《春秋左传》三十卷；《万氏十一经读本》二十卷；《诗经》二卷；《周礼》二卷；《仪礼》二卷；《孝经尔雅》读本合一；《读诗钞说》四卷；《礼经笺》十七卷，王闿运；《公羊笺》十一卷，王闿运；《公羊补证》十一卷，廖平；《何氏公羊解诂三十论》一卷，续一卷，廖平；《左传》杜注校勘一卷，贵阳陈氏刻本；《古今学考》二卷，廖平；《说文新附考》三卷，郑珍；《古韵通说》二十卷，龙启瑞；《金史》一百三十五卷；《辽史》一百十六卷；《国语补音》三卷，宋祁；《华阳志校勘记》一卷，顾观光；《益都耆旧传》一卷；《陶靖节年谱》一卷；《都江堰工小传》二卷；《汉官七种》，孙星衍辑；《灵峰草堂丛书》；《孟子外书补注》；《孟子弟子考补正》；《毛诗》郑笺残本；《测圆海境》四卷；《旅舍备要方》；《乐律举隅》；《论语偶记》；《楚辞章句》王逸注，十七卷；《翰林学士集》贵阳陈氏刻本；《夜雪集》一卷，王闿运撰，胡延录刻本；《左庵长律》一卷，刘师培；《骈体文钞》三十一卷；《文选古词通》六卷；《唐文选》；《声调三谱合刊》；《今文新义》；《庄子新解》；《礼说》；《药治通义》；《三部九候篇》；《黄帝内经明堂》；《撼龙经传订本注》；《巢氏病源》；《周礼》；《宋四家词》十一卷；《日湖渔唱》三卷；《白石道人歌曲》四卷；《花外集》一卷；《蘋洲渔笛谱》二卷；《唐诗万首绝句选》；《唐诗选》；《八代诗选》；《曲雅》。

川大经济系

川大经济系，原属政治经济系，自 1938 年上学期起，政治经济系取消，分设政治学系与经济学系。川大迁峨眉时系主任是金孔章先生，曾任金陵大学教育部经济学专家数年，对于经济理论极有研究。金孔章任经济系主任后对于教学研究极为注重，当时有专任教授七人，合聘教授一人，兼任教授三人，助教二人，开设必修课程共十四门，选修课程共二十门。

赵人儁，字守愚，浙江兰溪人，现任本校经济系教授。赵氏在美国哈佛大学获得经济学博士学位，归国后历任清华大学教授，国府统计室名誉顾问，本校教授兼经济系主任等职。赵氏为国内有数之经济理论专家，译著甚多，多被称为权威之作，颇被学者称道。

萧公权，现任本校政治系教授。萧氏早年赴美国留学，在密苏里大学取得硕士学位，康乃尔大学的博士学位。历任清华大学、南开大学、本校教授。萧氏对中国政治思想史及西洋政治思想史二科之造诣极深，其见解及阐发之处，在国内学术界多成定论，备受推崇。现萧氏正积极整理其历年来中国政治思想史及西洋政治思想史之讲稿，不久即可刊行问世。

研究工作方面，经济系成立经济学会，经济研究室，同时出版经济季刊。在峨眉期间，还筹设经济研究所及乐西公路经济考察团，主要研究工作集中在经济调查，物价编制，发行大学经济丛书等工作。经济系在峨眉山开设课程如下：

第一学年必修课程：

序号	必修课程	每周时数	期间	学分	担任教授	备考
1	国文	3	一学年	3	文学院	
2	英文	4	一学年	4	文学院	
3	中国通史	3	一学年	3	文学院	
4	伦理学	2	一学年	2	文学院	

序号	必修课程	每周时数	期间	学分	担任教授	备考
5	经济学	3	一学年	3	金孔章	
6	军事学	1	一学年	1	军事教官	
7	军事训练	2	一学年	2	军事教官	
8	军事看护	2	一学年	2	军事教官	
9	三民主义	1	一学年	1	程天放	
10	体育	2	一学年	2	体育组	

第一学年选修课程，学生从中任选一门：

序号	选修课程	每周时数	期间	学分	担任教授	备考
1	微积分	3	一学年	6	理学院	
2	物理	3	一学年	6	理学院	
3	化学	3	一学年	6	理学院	
4	生理学	3	一学年	6	理学院	
5	生理学	3	一学年	6	理学院	
6	地质学	3	一学年	6	理学院	
7	政治学	3	一学年	6	文学院	
8	社会学	3	一学年	6	胡鉴民	

第二学年必修课程：

序号	必修课程	每周时数	期间	学分	担任教授	备考
1	货币学	3	一学年	6	梅远谋	
2	初级会计学	3	一学年	6	何士芳	
3	经济地理	3	一学年	6	王文元	
4	西洋通史	3	一学年	6	楼公凯	
5	哲学概论	3	一学年	6	汪奠基	
6	体育	3	一学年			

第二学年选修课程，学生从中任选两门：

序号	选修课程	每周时数	期间	学分	担任教授	备考
1	合作经济	3	一学年	6	邹念鲁	
2	农业经济	3	一学年	6	邹念鲁	
3	民法概要	3	一学年	6	朱显桢	
4	日文（一）	3	一学年	6	张雨耕	
5	法文（一）	3	一学年	6	荣襟纬	
6	德文（一）	3	一学年	6	郑寿麟	
7	英文（一）	3	一学年	6	外文系	

第三学年必修课程：

序号	必修课程	每周时数	期间	学分	担任教授	备考
1	财政学	3	一学年	6	胡自翔	
2	统计学	3	一学年	6	田克明	
3	银行学	3	一学年	6	梅远谋	
4	西洋经济史	3	一学年	6	梅远谋	
5	中国经济史	3	一学年	6	束世澂	
6	体育	3	一学年			

第三学年选修课程，以下课程任选两门：

序号	选修课程	每周时数	期间	学分	担任教授	备考
1	高等经济学	3	一学年	6	柯瑞麟	
2	农业经济	3	一学年	6	邹念鲁	
3	合作经济	3	一学年	6	邹念鲁	
4	人口问题	3	一学年	6	胡鉴民	
5	成本会计	3	一学期	3	何士芳	
6	高级会计	3	一学年	6	何士芳	
7	日文（二）	3	一学年	6	张雨耕	

续表

序号	选修课程	每周时数	期间	学分	担任教授	备考
8	法文（二）	3	一学年	6	荣襟纬	
9	德文（二）	3	一学年	6	郑寿麟	
10	比较银行	3	一学年	6	梅远谋	

第四学年必修课程：

序号	必修课程	每周时数	期间	学分	担任教授	备考
1	国际贸易与金融	3	一学年	6	金孔章	
2	公债租税	3	一学年	6	梅远谋	
3	经济政策	3	一学年	6	刘觉民	
4	经济思想史	3	一学年	6	胡自翔	
5	体育	2	一学年	2	体育组	

第四学年选修课程，学生任选两门：

序号	选修课程	每周时数	期间	学分	担任教授	备考
1	战时经济	3	一学年	6	柯瑞麟	
2	高级统计	3	一学年	6	田克明	
3	经济调查	3	一学年	6	田克明	同

课外研究

经济系在峨眉期间，对于教学和研究积极推动，如创刊《经济研究》，成立经济学会，发行《经济季刊》，推动经济调查，都在积极进行。在峨眉时经济系学生近三百人，为全校各系人数最多，对教学质量和学生学术要求非常高，对转系标准限制极严，师生情感极洽，对于课外研究，尤为努力。

经济研究室

经济研究室创设之初，多收集整理经济画报杂志，剪辑报纸借以供应师生课外参考研究和撰写毕业论文。同时，编印刊物，发行经济丛书，凡有关经济名著、必要参考书籍及中外经济杂志等皆分类置于陈列室内以供师生参考。后来逐渐开展更多的研究活动，借在峨眉距离山村较近的便利，调查物价，进行特种经济调查，与中国底层社会多多接触。邀请名人讲演，召开学术座谈会及集体研究，为在峨眉的同学讲解分析国内外政治经济时事。经济研究室设置五个研究小组：调查组主要工作是编制峨眉物价调查表，进行峨眉山特种经济调查，编制四川各县特产调查报告，乐西公路经济调查；统计组负责编号保管调查材料，整理分析，编制图表；编辑组负责编辑《经济季刊》，编制峨眉物价指数，编译中外经济资料，编印各种经济调查小丛书，发行大学经济丛刊；研讨组负责拟定专题研究题目，召集志趣相投的师生进行专题研究，邀请专家讲演，举办座谈会；图书组主要工作是负责图书报纸杂志资料之购买和管理流通，剪报及有关专题研究的经济资料搜集。

经济学会

四川大学迁来峨眉后，研究空气甚为浓厚，各种学会如雨后春笋，次第成立，均有优异表现，唯独没有经济学会。金孔章先生任经济系主任后感到经济系学生最多，但没有课余研究组织，于是竭力提倡，经过短期筹备即告成立，参加者达二百余人，会员人数是川大各种学会中最多的。学会分为总务、学术、出版三部分。虽然经济学会成立时间较晚，历史较浅，但在系主任金孔章先生领导之下，会务已有一日千里的发展。学会每月出壁报一次，由经济系各年级轮流担任编辑。因为互相竞争的缘故，所以每期壁报内容，在全校壁报中，要算最好的。同时出版《经济季刊》，阐扬政府经济政策，介绍中外经济学说。

农业经济系

1938年，四川大学农学院成立，当时只有农业经济组及农业经济研究室，教职员共有四人，助理员及实习生各有一人，教授二人。曹茂良讲授农业金融及农产运销等课外，还有金陵大学农经系欧阳苹先生讲授农村合作课程，选读农经课程的学生很多，每班总在五十人左右，毕业论文中以农业经济为题目者有四五人。

1939年农业经济课程稍有增加，除经济学、农业经济、农村合作、农业金融、农业政策等课程外，还聘请光华大学沙凤岐教授讲授"农场簿记"一课。严中沙先生因事赴渝，改请何士芳先生代授。课程方面，除原开课目外，增开"农场管理"，讲授经济、垦殖学、农业推广等课，并有特约教授李卓林先生讲授会计学。农经组学生毕业后，大都服务于直接税局。1940年到1941年教员和课程均无变化，1941年冬，沈文辅先生辞职改就浙大，下学期课程少开数门。

1942年，专任教授一人，助教一人，兼任教授二人，教员人数较去年减少，所开课程亦不如以往多，但毕业生有十四人，毕业论文题目偏重特产之运销问题。毕业生出路，大部均往直接税局工作。

农经组成立时间虽然不久，可是学生很多，农学院各系中以农艺系为大，学生人数约占全系人数之半，而农经组学生又占农艺系全系人数之半，故以全院而言，农经组学生约占全院人数之四分之一。

名义上，农经组隶属于农艺系，有志于农经的学生必须读完农艺系必修课程，方能毕业，可是农经学生对于这些课程，往往不感兴趣，结果读也不好，不读又不能毕业。因为农经组不是系，所以每年所开课程不多，学生对于农经知识不能充分获得，毕业后不论升学或做事均感不足应付。因为志在农经，对于农艺功课大都不求深解，结果非牛非马，在学生方面，诚为一重大损失，此其二。

再就学生出路而言，各机关征求农经人才，以理而论，我们农经组的学生当够格，但学校证明书，只填农艺系，在前几年学校方面往往拒绝加注农经组字样，以致很多同学都失去不错的就业的机会，农经组毕业生都以此为憾，此其三。

由于事实上的这些困难，所以大家都希望农经组改系，1939年冬，农经学会策动，各级选举代表。记得有一天午饭后有学生五六十人前往王前院长的公馆请求成系，当时王院长答复其本人极为赞成，允为转呈校长请示，学生们乃安心上课。程校长每回由峨眉到农学院或到重庆开会路过成都，学生都推派代表向他请愿成立农经系，但终因经费困难，未能实现。

1942年各级学生又向学校请求成立农经系，适逢黄季陆校长接掌川大，学生推派代表请求校长帮助。黄校长本着发扬川大的热忱，满口采纳，大家听了，颇感兴奋，乃由各级学生推派代表二人成立农经成系促进会，分文书、交际、宣传各股，积极进行。首由农学院院务会议通过农经组改系原则，在未正式成系前增开农业经济地理、农业统计等课程，并由农经组起草成系计划。计划书中举出成系理由三项：

一、农业经济在农院为各系枢纽，农艺、园艺、森林、蚕桑各系研究试验之结果，均须得农业经济之综合，其效始能尽彰。

二、抗战以来，社会对于农经人才需要甚殷，诸凡粮食增产、地政设施、金融调剂、地税整理以及合作之推行、农村之调查都需人才，为适应社会需要，农经均应成系，以广人才之造就。

三、农经组历有年所，就原有基础上略加扩充，实轻而易举之事。

该计划书由农院转呈学校当局，并经校务会通过，最后再由学校呈请教育部，至本年度开学前数日始得部令批准。自接到部令后即起草农经组改系计划书，内分四项：

一、添聘教职员——专任教授三人（因部令规定专任教授至少三人方可成系），助教一人，助理员一人。

二、开设各必修及选修课程。

三、添置设备。

四、补招新生经校长核定后，乃于1943年9月下旬正式成立农业经济系。

农经系成立后有专任教授三人，即刘世超、王益滔与曹茂良。王先生尚未到校，刘先生久已来校，但因其他工作甚忙，在未到校前，请由金陵大学农经系主任应廉耕先生暂代。特约教授四人，即董时进、刘伯量、徐蔚南、承正元先生均已到校上课。助教二人，即李天福、谢晖二先生。

所开课程，除选读它系功课外，纯粹农经科目共有十余门，即经济学与农业经济、农业金融、农村合作、农产价格、农业统计、农业政策、会计学、农场管理、农村社会学、中国农业经济问题、土地经济系、农产贸易等。

学生人数，因新生入学考试时，多填为农艺系，迄今尚未分别登记，故本系人数无法统计。据目前估计，大约四年级有二十余人，三年级有四十人左右，二年级有二十余人，一年级有四五十人，总计全系学生约在百人以上。

农经系就如初生的婴儿，许多事正待推行充实，欲使农经系发扬光大，必须做到下列几桩事：一、训练学生学习能力。使每个学生中文至少要通顺，外语至少学一种，能看能写。二、提倡学术研究精神。三、师资优良。四、与机关团体合作举办各种经济调查。根据这个认识，我们计划在最近的将来举办下列数事：

1. 举办学生中外文竞赛，尤其一、二年级学生在此阶段对于中外文字务须加紧用功。

2. 扶助并指导学生组织学术研究会，出版壁报或其他刊物。

3. 鼓励学生阅读参考书并作研究报告。

4. 利用假期举办农村调查。

5. 与四川省银行合作举办川省农林畜牧调查。

6. 试办农民服务处。

川大农经系在其他各大学农学院中，是最大的一个系，人数最多，出路也最好，本系成立后，据闻有许多学生都要转入本系。

农业经济学会

川大校农学院部分教授及同学倡导成立农业经济学会，签名参加的同学颇形踊跃，有七十余人之多，经积极筹备，于 1939 年 12 月 2 日召开成立大会，农院王善佺院长，柯育甫训导主任，均莅临致词，当场通过简章，选出干事、监事十人，候补干事、监事三人。

常务干事：陈显钦；总务股：刘兴诚；会计股：李光治；出版股：张善熙；研究股：李维栋；文书股：王国珩；讲演股：吴耀辉。

候补干事：雷道涵、杨勋。

常务监事：郑思贤；监事：沈世昌、孙相炯。

候补监事：金义暄等。

各股工作积极推进，出版股已出刊壁报多期，内容丰富，得到各方好评。研究讲演二股之讨论会与讲演会已经开始举行，将来对农经理论与实际的探讨必会使师生受益匪浅。

农学院森林学系

1935年四川省立农学院并入四川大学，仅设农林一系，林学课程由余耀彤先生独任。1936年农林系分设为农艺、森林、园艺、植物病虫害四系，又聘陈复新先生主持森林学系。从此以后，森林学系内容日益充实——先后增聘名教授钱两农先生、邵均先生、李荫桢先生主讲重要课程，或主持教务行政，并聘请兼任教授多人，分任各科讲席。

李荫桢，现任本校森林系教授兼系主任。李氏民国十六年卒业于国立东南大学，历任河南大学讲师、副教授、教授等职。二十三年至二十六年赴美续求深造，在美国 Minnesota 大学研究院森林系做研究，得科学硕士、哲学博士等学位。返国后，历任四川峨山林业试验场场长、农业改进所技正、森林组主任及本校森林系教授等职。李氏对林学极有研究，译著甚多，计已发表者有下列多种，颇为学者所推崇。

（一）硕士论文 *A Researeh on the Reation of Growth of Seedlings to Watering*（苗禾之生长与施水之关系）。在美国林学杂志发表。（二）博士论文 *Comparative Studies of the Germination and Develove Pment of the Seedlings of Pinus Pa ksiana and Pvelnoea under Varions Natural and Artificial Conditions*（捷克松及挪威松劲苗之生长及发育在各种天然及人为环境中之比较研究）。在美国 Minnesota 农业杂志发表。（三）译 Swinyle 植物分类学。（四）译 Paber 植物生理学。（五）四川全省营造经济林计划。（六）四川天然林管理刍议。

因川大居处大后方，学校能在安定环境下照常运行，教学、实习研究、推广各方面齐头并举，同时师资力量日益壮大，学生日益增多。本系依课程之性质，共分四组，使在校学生按照兴趣选择相关方向，每组又设研究室：造林学组，以森林生态学、造林学及森林植物学课程之研究为主；森林经理组，以测量、测树、计算学及经理学课程之研究为主；森林利用组，以材质学、伐木、制材及林产制造课程之研究为主；林政学组，以森林管理、行政法规及保护诸课程之研究为主。

川大森林学系设施、设备及实验场所较为完备：

（一）造林方面

有苗圃八处，林场二处。灵岩山林场，占地九百余亩，经过六年的培育，所植桤木、柳杉、银杏及天然树种一百八十余种，皆已成林，均是暑期实习学生所予植者。另一处是子山林场，在成都市东郊外十里，占地数百亩。所有苗圃，则均散在川大本部附近，育有侧柏、圆柏、罗汉松、楠木、香樟、油桐等三十余种，计十万余株。关于育苗造林仪器用具约三十余种。

（二）森林经理方面

测量及测树设备甚为充实，如贵重的经纬仪、水平仪、平板仪，测树器量经器、标尺、表针等，应有尽有，统计约五十余件。

（三）森林利用方面

有木材解剖用的高倍微镜、切片机、手切刀等约二十件及制片药品五十余种。其他如木材力学试验器因交通阻塞未能运到，与其他机构合用。关于林产制造、伐木制材，亦采取同一方式。

（四）标本陈列室

本室共陈列树叶、木材及副产等标本，计一千七百余种。未制成之标本甚多，正在积极分类制造之中。

本系三年级学生每届暑假，都由校方指派地点实习，弥补课堂知识之不足。根据历年观察结果，学生实习水平较高，能够灵活运用课堂知识。

每年暑期组织三年级学生，分赴理县杂谷脑各地天然林地带，从事调查森林，采集军工用材料——云杉、胡桃及蜡叶标本。一般七月中旬入山，虽赤日凌空，跋涉甚苦，但同学们工作十分努力，收获颇丰。

峨眉山植物分布[①]

峨眉山在四川西南部乐山（嘉定）之西南。邛崃山自川、康两省东来，已渐成平地。至峨眉县境忽数峰突起，成海拔三千一百五十公尺之高山，全形如屹坐之狮者，即峨眉山是也。顾向以秀丽名于环宇者，非仅以其山水之奇而已，而其丰富之植物，是斯山终年成浓绿之色。奇花开放时，或红或白，点缀山景，实为斯山秀丽之主要原因也。此山植物种类其繁，奇特者尤多，早已驰名于植物学界，其分布情形如何，当为各界人士所乐知，兹述其概略情形如下：

（一）自峨眉县城，经报国寺、伏虎寺，至万年寺（约海拔四百五十至一千公尺），以马尾松、杉树最为普遍。马尾松常成大森林，杉树则以木材用途甚广（电杆，建造房屋，制普通器具及棺材多用之。居民造林多以此树为主）。近年需要甚多，价亦飞涨，小者一树百金，大者一树五百元至一千元，极富于经济价值之树也。千丈树（又名旱莲木）、梓叶槭、灯台树、楠木、桢楠均成大乔木，在路旁及寺庙附近极为常见，当多为人工栽培者，映山红生于松树林之周围边上。长蕊杜鹃则多生于杂树林中，间亦有成单纯林者。黄葛树及槭木多生于路旁。慈竹及苦竹则多培育在寺庙及住宅附近。各种蔷薇花、桤树（青木树）、板栗、青杠树等亦颇常见。极富观赏价值之百日红与木笔（玉兰花），各寺庙均有栽培者。十二月间百花凋谢之时，单独开花之鄂报春，在成都是庭院栽培以点缀新春的品种，在峨山之牛心寺及黑龙江一带阴湿之地野生者多。

（二）自万年寺经初殿、华严顶至洗象池，或自牛心寺经大坪、洪椿坪、九老洞至洗象池（约海拔一千至二千公尺），杉树今年栽培者当亦不少。洪椿坪与万年寺之黄心树高逾数丈，早春即开黄色美丽之花。樟科植物指之桢楠、胡椒、木姜子、新木姜子、黄肉楠、赛楠等属在此区极普通。峨眉赛楠与峨眉黄肉楠系此区特产，而后者则系我 1918 年在洪椿坪

---

① 方文培：《峨眉山之植物分布情形》，《杂说》，1943 年，第 4 卷第 1 期，第 3—4 页。

附近发现的品种。扁担岩之领春木，九老洞之铁木、珙桐、木瓜红等颇负盛名。美丽之杜鹃产于此区者计有六种：大坪与洪椿坪之汉士杜鹃、赫斯黎杜鹃及程氏杜鹃。九老洞与华严顶之银叶杜鹃、来丽杜鹃，及大卫杜娟，均在春末或夏初开花，为灵山增色不少也。

（三）自洗象池经大成寺、雷洞坪、接引殿至金顶及千佛顶（约海拔二千至三千一百五十公尺），冷杉与铁杉当为主要乔木。冷杉高逾三丈，直径三尺以上者，原极普遍。山上寺庙修建，以此为主要材料。砍伐既多，生长恢复速度极缓，今则山西北寺庙较多，行人常到之处，冷杉高大者已较稀少。建筑所需，须取之于山南人迹罕到之处矣。鲜艳之杜鹃花产于此区者，计有洗象池附近之黄花杜鹃，大成寺附近之绒枝杜鹃、芒刺杜鹃、美丽杜鹃及惟丽杜鹃，雷洞坪及接引殿之秉氏杜鹃、费伯杜鹃及皱叶杜鹃。金顶之承先杜鹃则系作者最近始发现之新种也。特产费伯报春，具矮小之茎，开黄色之花，在金顶与千佛间十分普遍。森林之下全是矮竹。由大成寺至雷洞坪，多是方氏冷竹，系我在十七年发现的品种。在金顶附近则是钟氏冷竹。铁青冈（雅州石栎）则洗象池与大成寺一带甚多，成体三至五丈之乔木，其果猿猴喜食之。峨眉蔷薇开黄色美丽之花，自洗象池金顶均极常见。

峨眉植物图志

四川大学自 1939 年因避空袭疏散峨眉山后，校长程天放认为峨山为国中名山，四川大学自徙峨以来，名山学府更相得益彰，但峨眉山尚无完美志书，深感遗憾，遂发起搜集峨山志资料委员会，推请向仙樵院长、傅况鳞总务长、方文培主任、叶石荪教授、邓只淳主任等五人草拟章程推动工作，以科学方法重新编修峨眉山志，作为川大迁峨讲学之永久纪念。后因调查缺人，经费支绌，历史考古诸部分，遂暂缓进行。但在峨眉山植物调研方面逐步开展。因美国哈佛大学安诺德植物园素来仰慕川大植物学教授方植夫先生之名，捐助资费，托其调查川西观赏植物，遂以此项捐款，同时调查峨山植物，搜集植物标本，作编撰峨山植物志之重要材料，并时做野外实地观察。

方文培，字植夫，四川忠县人，生于 1899 年，卒于 1983 年。他一生献身于祖国的植物科学事业，亲手采集标本二万余种，撰写八部植物专著和五十余篇科学论文，是世界槭树科、杜鹃花科分类专家，中国植物学会名誉理事长。

1928 年春，方文培在南京中国科学院生物研究所任研究员。他和两名助手，溯长江而上，穿三峡，过重庆，于当年五月来到峨眉山拜访峨眉山报国寺果玲和尚，得到果玲和尚支持，在山上考察了一个多月，采集了一千多号样本，共一万多份。其中，在雷洞坪和接引殿发现了冷箭竹，这是方文培发现的一个植物新种。在九老洞、新殿、华严顶发现的木瓜红，在清音阁黑龙江畔发现的花佩菊是两个植物新属。1929 年春，方文培第二次考察峨眉山，在洗象池上方发现了"树生杜鹃"。1930 年方文培又由峨眉山到洪雅、西昌、会理、盐源，入大凉山，完成了对大凉山的考察任务。连续三年对四川的野外考察，大体掌握了四川的植物资源分布概况，方文培对杜鹃花科、槭树科植物产生了浓厚的兴趣。1932 年方文培得到英国爱丁堡大学深造，1937 年获得博士学位。"七七事变"发生后，本可以留在英国任教的方文培毅然决然地返回祖国，任四川大学生物系主任。

1939 年，川大迁校峨眉报国寺、伏虎寺。生物系就设在报国寺路口万行庄。方文培在峨眉的四年教学中，一有空就上山考察，在大乘寺至雷洞坪之间海拔 2500～2800 米一带发现一片杜鹃纯林，按照规则命名 23 种杜鹃。在大坪山崖边他找到世界珍稀杜鹃：汉士杜鹃和赫斯黎杜鹃。这两种杜鹃只开白花，是世界 800 多种杜鹃中的珍品，唯有峨眉山才有。同时又发现只有峨眉山才有的四种迎春花。方文培把在峨眉山采集到的植物标本，分为新老两大种类，确认峨眉山植物 1000 种以上，他后来选出有代表性的两百多种，并邀请国内外著名植物学专家参与，历时两年，就峨山特产植物编成《峨眉植物图志》十卷，每卷记载植物一百种，分装为两号，每种备有详图及中外文说明，新种按照国际植物学会规定，备有拉丁文说明，成为当时国际植物学方面一部重要著作，而国内中学教师以及爱好植物不识外文者，也便于应用。其中记载中外著名植物珙桐、木瓜红及杜鹃花、报春花等；其中川茴香、程氏杜鹃、承先杜鹃、峨眉珍珠树、诚君珍珠树五种系新种。其中部分文章由国内其他研究者提供：云南植物调查所陈封怀先生撰七篇，川大陈静容先生撰五篇，方植夫先生撰二十八篇。定名正确，叙述周详，空前未有，抗战时期之巨作也。版本长一尺一寸，宽七寸五分，用夹江粉白色报纸印成，精美异常。1942 年 5 月出版后引起国内外学者关注。英国剑桥大学校长李约瑟向他祝贺，英国皇家园艺学会赠送他一枚银质奖章。

附文：《峨眉植物图志》书评[①]

《峨眉植物图志》 著者：方文培，国立四川大学编印，一九四二年五月出版。

"峨眉天下秀"，秀在何处？我答曰：秀在该山有丰富的植物，设或你先游了南川县之金佛山，北碚之缙云山，灌县之青城山，江油县之窦圌山，然后再登峨眉金顶的话，你一定会仰天长叹，高声呼曰，峨眉之秀不在庙宇的林立，和尚的众多，而在她拥有奇花异卉，足可以代表四川全省的植物种类。

因此，在近代百年以来，中国植物学家尚未把视线瞥向峨眉之前，已经有过若干的外国人，入山研究，采集花木鸟虫之类。就植物一项而论，在前清光绪三年，英人巴伯尔，即登临过峨山。光绪十三年，德国传教士伐伯尔，在峨山居住甚久，采了不少的植物标本，分送给德法二国的植物研究机关。其中有不少新属与新种，如珙桐，凡游过峨山之客，皆悉其名，皆曾目观其树，由是珙桐奇树，才为世界植物学者所知道。

我国植物学家到过峨眉者，为数甚多，如陈嵘、刘慎谔、汪发瓒、俞德浚、郑万钧、钱崇澍、钟心煊、孙祥钟诸位先生。自然笔者亦曾一度游峨，但到峨最早而次数最多的，在中国植物学家里，当推本书编者方文培先生。1928 年，他初登峨眉采集植物。由 1938 年开始，几乎年年都要爬一次，甚至于若干次，前后为十五年，这部空前伟大的著作方出世。

在欧美诸国，一国有一国的植物图志，一地方有一地方的植物图

① 郝景盛：《书评：峨眉植物图志》，《文化先锋》，1943 年第 2 卷第 3 期，第 16 页。

志。我国亦有图志，如商务印书馆出版的中国植物图谱，国立北平研究院出版的华北植物图志等，但都属于全国性质。地方性的图志，则至今尚付诸缺如，有则自《峨眉植物图志》始。

这本书放在我的桌案上，伟大得很，宽二十六公分，长三十七公分，厚约一公分多些，读者可以想象这书是何等的伟大。封面是程天放先生题的，煞是劲健，字体类似洛阳城北新出土的魏朝帝嫔、穆亮等墓志。

这本书因为是图志性质，所以与一般的书籍不同，没有页数而只有图版的次第，计全书有图版五十幅，国产夹江上等白纸精印。图的比例尺，有的是与实物相同，有的比实物稍小，一幅图版之上，只画了一种植物。带花之枝，带果实之枝，如为草本植物时，则画全部，根、茎、叶、花、果全有。空白的地方，是花之解剖图或果实的解剖图。

图版记载的是中英文对照，不仅对于植物学者可以一目了然，即对于一个普通人，毫无植物科学常识的人，亦可以帮助他知道峨眉山所产植物的正确学名。在此第一卷第一期中，仅包含五十种植物，分属于不同之科，如桦木科之鹅耳枥；木兰科之厚朴，黄心树，红茴香；豆科之黎豆藤，鹦哥花；虎耳草科之拟铁树；省沽油科之野鸦椿；无患子科之荷时藤；其他如猕猴桃，旱木莲，珙桐；各种杜鹃（计二十种），各种珍珠树，各种报春花（七种），茉莉，木瓜红，白辛树等，不一而足，每一种都有清晰之图与精确之记载和说明。

在每种植物之西文记载内，你还可以知道标本之采集者、采集地及采集之年月日，采集地尤其正确，如洪椿坪、九老洞、华严顶、双飞桥、万年寺、接引殿、莲花石、报国寺之类，你可以按图找物，绝无骗人之处，这书之所以有价值亦即在此。

遇有新种，即按万国植物学会之规定，用拉丁文写出其记载。此书之内，计新种五个，即川茴香（图版五），程氏杜鹃（图版三十一），承先杜鹃（图版三十六），峨眉珍珠树（图版三十八），诚君珍珠树（图版三十九）是也。

现在社会上流行之书籍甚多，但科学方面之产物，则比较少见，故为此短文，介绍如上。

不过本书亦有未令人满意之处，没有以科学之分类系统列先后，检查不易。笔者很希望编者方先生，由第一卷第二期起始，分科分属的编著，属之下附上种类检索表，使读者按物查名，则此图志，成完璧矣。

生物系峨山奇花展览会

四川大学生物系迁峨后，在此地采集各种植物标本甚多，1940 年 5 月 22 日在万行庄举行展览会，生物系向全校及峨眉百姓发出展览通知："查峨眉一山，奇花异卉，指不胜屈，而其中尤以珙桐之奇与杜鹃之秀更为特色，值兹首夏清和之日，正奇花吐艳之时，策仗登高，看花载兴，比其时矣。顾我同人或烦神铅粉，或劳形于案牍，或则日视微镜，目不停注，或则日持试管，手难或释，其谁有此闲情逸兴，把袂登山余时哉！敝系特为遍山搜罗陈于一室，并订于五月二十二日在万行庄生物系展览，红白怡神，特请惠临欣赏，虽乏赏菊持螯之胜，却无看花走马之劳。"

展览会现场大门，以杜鹃花缀以"花览"二字，进门橼柱均饰以各种鲜花。会场布置，极为精雅，奇花异卉，芬芳盈室，其中尤以陈列杜鹃种类为多，有红色、赭色、黄色、蓝色、紫色、白色不等。会场左壁生物学会出版壁报"花览特刊"，内容有王希成先生发刊词、方文培先生谈中国落叶杜鹃、戴蕃瑵先生谈珙桐、邓纯眉同学峨眉初夏采集记等。当日前往参观之教职员和学生，络绎不绝，一饱眼福而归。

国立四川大学理学院行政计划与工作进度对照报告表

原有计畫	工作情形	进度	比较	备攷

国立四川大学理学院行政计划与工作进度对照报告表（1941 年）。川大迁峨后研究条件十分艰苦，但是研究热情一丝不减，还取得相当成果。此报告表中就列举柯召教授、李华宗教授、张仪尊教授、王希成教授、仲崇信教授、方文培教授的论文成果。四川大学和哈佛大学合作采集峨眉山植物标本，重修峨眉生物志等工作。（现藏于四川大学档案馆）

法学教育

在民国时期法律学这门学科是青年学生最不感觉兴趣的一种学科。许多青年学子说，他是如何如何的喜欢文艺，如何如何的喜欢数学、物理、化学、经济学，而听不见一个青年学子说他是如何如何的喜欢法律学！这也是因为文艺、物理、化学、数学等学科，他们从小学一直到初中高中都是天天在学习，自然渐渐地感觉亲热、感觉兴趣。而法律学就很少有亲近的机会，加之法律这种学问，根本就是很迂阔而拘谨的东西，所以学法律的人，往往愈学愈迂阔、愈拘谨。他简直一点不敢放言高论，言必称条文，引证据，决不会凭空设想一个又滑稽又诙谐的阿Q出来，替他写一篇有声有色的正传的。又不曾有X光线，维他命ABC那样稀奇而特别的作用，当然不能引起一般青年学子的兴趣。

法律学尽管不能引起青年学子的兴趣，然而，它的社会重要性却不能因此而减少丝毫，一个青年学子不能老是青年学子，由学校生活而踏入社会生活的刹那，就会即刻感觉法律知识的必要。你只要一想到社会生活，假如没有法律会怎样，你就可以知道法律在人类社会生活上之重要了。可是我们中国人，不但青年，就是壮年、老年，对于法律在社会生活之重要，也是没有十分了解的。所以有人说西洋人有了争执，总是诉之于法律，以求正当之解决；中国人有了争执，绝少诉之于法律以求正当解决的，而总是说一些极下流的咒骂的话算了，偏巧，中国有一部分人不怕咒骂，所以中国社会竟至弄得乱七八糟。这种不乞灵于法律，而乞灵于下流的咒骂的办法，现在渐渐知道走不通了，所以近来（国民）政府当局以及社会有识之士都在大声疾呼地提倡法治精神，这个法治精神的养成，正是我们川大法律教育重心之一。

中国人处理事务之一般普通毛病，在于专讲应付，而不追求根本解决的方法。多半头痛医头、脚痛医脚，浪费精神，毫无成就，推及原因，就是没有法律的头脑以致之。所谓法律的思维，就是有组织的、公允的，处理事务的思维也。法律的目的在实现公允，法律虽有几千万条，而中间是有一贯的组织的。所以学法律学的人，不知不觉之间，就养成这种组织的公允的处理事务的精神习惯。他处理一个问题，往往不单就这个问题而处理，而是考虑到一切的关系整个的问题而处理，所以在他看起来，一个问题之解决，就是整个问题之解决；所以他办事有效率，精力时间又决不浪费。这种组织的公允的处理事务的思维，也是我们川大法律教育重心之一。

还有一个主要的重心，就是养成优秀的司法人才。川大历年教授法律的方法，不单是专求理论之完整，更求实际之活用，所以川大各教授之讲义多以法律理论为经，以例判解释为纬，由这种经纬织成的川大法律教育，在国内是有相当的成就的，是放出相当的异彩的！空口说话不上算，拿证据来！1936年四川审判官考试最优等第一名是我们川大的傅应奎同学，1937川滇黔三省司法官考试最优等第一名又是我们川大的龙显铭同学，同年川滇黔审判官考试最优等第一名也是我们川大的黄丹崖同学，1939年举行的川滇黔三省司法复试最优等第一名也是川大的龙显铭同学，尤其是1937年的川滇黔三省司法考试，不仅第一名是我们川大的，而且当时去参加考试的十余位同学，差不多通通都考上，所以当时的主试委员，司法部部长王用宾先生亦表示极度的惊异！我们在这方面有如斯优越的成绩，教授方法之适当，同学自身之努力，是取得这一成绩之根本。

裘千昌，浙江奉化人，现任本校法律系教授。裘氏早年在日本帝国大学留学，得法学学士学位。归国后，历任国立中山大学教授、安徽大学教授兼法律系主任。民国二十五年，来本大学讲学，以迄今日，凡十余年。裘氏对民法债编之研究，甚有权威，学者多宗之；而对民、刑诉讼法，及商事法规之研究，亦极深刻。所著民法债编之底稿，已整理就绪。全书计五十余万字，不久即可付梓行世。

法律学会

自川大迁峨眉后法律学会为法律系同学所组成，会员亦甚多。每期出有壁报，内容均甚精到。学会由法学院朱显祯院长、法律系胡元义主任指导。在报国寺内经常举办实习审判，厅长、律师、推事、当事人等各项角色同学们扮演得很专业，辩论亦极精彩，和尚和附近百姓到场旁听者十分踊跃。

　　胡元义，现任本校法律系教授兼系主任。胡氏得日本东京帝国大学法学学士学位。回国后历任湖北高等法院检察官及推事，国民政府司法部科长，武汉大学、清华大学教授。复赴德国考察，对大陆系法律精神作深刻之观察与研究。归国后任西北大学教授及本校教授兼系主任多年。胡氏于民法总则、债编、物权及破产法之造诣极深，尤以对民法总则之研究，称国内之权威，曾著有民法总则（定十月底版再版发行）、破产法（已出版）及专题论文数十篇。民法债编及物权法底稿亦已编著竣事，不日即可出版行世。

教育研究会

　　四川大学教育系教授及学生组织的教育研究会自迁峨后，工作推动，甚为活跃。《教育半月刊》为本校教育系同学所主办，以研究抗战教育的理论与实际为宗旨。每半月出刊一次。刚到峨眉时，因经济困难，半月刊已脱期成半年刊了，之后情况慢慢好转，重回到以往正常轨道上。各种课外教育研究工作仍照常进行，并于半月举行座谈会一次，讨论各种教育问题。教育研究会的固定座谈会在伏虎寺大厅举行，到会者时常三四十余人，该系主任邓只淳、晏世筠教授先生时常亲临指导。在峨眉时讨论的最多的题目为"如何办理战时民校"，关于战时民校性质、过去民校缺点及其补救方法，均有详细的阐发。这些讨论就四川大学在峨眉应如何办理民校问题，为川大社教委员会提供很多可行参考。教育研究会过去在成都时就在川大校址附近兴办民众夜课学校，先后毕业数百人，成绩至为良好。迁往峨眉后，有感于峨眉百姓知识贫乏，他们感觉民教工作对抗战救国尤为重要，特扩大招生范围。除原定招收成年班外，并招收妇女班，报名者极为踊跃。

　　四川大学教育学系和教育研究会，对于教育十分注重实际研究，在峨眉期间利用假期，组织职业教育考察团，内分总务、交际、宣传、报告等四股，由该系教授柯育甫率领，分赴乐山（嘉定）牛华溪、犍为五通桥及夹江等地实地考察，并作劳军及兵役宣传。

国立四川大学文学院教育系 1940 年度行政计划与工作进度对照报告表。内容除完成学校相关课程、学生论文、研究刊物编撰之外，还包括兴办万行庄、鞠槽民校，在伏虎寺周围农家教授基本知识，训练报国寺附近说书艺人，与报国小学联系实习事宜等。（现藏于四川大学档案馆）

史地研究会

川大迁往峨眉后史地研究会在伏虎寺合班教室举行常年大会，并改选新职员，计到师生 60 余人，由李诚同学主持，报告会务概况，之后由系主任周谦冲暨教授蒙文通、何鲁之等相继训词。关于史地在抗战建国中之重要性及研究史地方法等多项内容，各会员聆听之余均感兴奋。兹将该会选出新职员列于后：

总务部：徐子聪；研究部：钟禄元；文书组：罗荣九；中史组：卢汝言；财务组：周维举；西史组：张化琛；交际组：刘沁超；地理组：姚劭；出版部：刘沛仙；西南民族组：陈量伯；编辑组：刘述乔；考古调查组：彭寿恺；发行组：刘珍晋。

在峨眉期间，史地研究会出刊《史地学报》，内容极为充实。举行公开讲演多次，听众反响甚好。徐中舒教授、束世澂教授、李思纯教授、王文元教授均热心指导，研究空气甚为浓厚。此外，在峨眉期间还组织学生赴峨眉周围地区进行考察。

徐中舒，安徽怀宁人，现任本校史地系教授。徐氏为国内之有名古文字学研究专家，对于甲骨文及殷周史料之研究，素称权威，其对于史学之成就与贡献若何，学术界早有好评，无庸再事烦言介绍。

束世澂，字天民，安徽芜湖人，现任本校史地系教授兼系主任。历任中央大学、金陵大学、本校教授多年，著作甚多，均称有价值之巨构，备受史学界之交誉。

1940年6月1日，川大史学系教授冯汉骥先生，率领考古班和史地研究会挑选出的学生，专赴夹江，作旅行考察。冯教授为集思广益计，并邀请史学系教授徐中舒先生同往指导。是日风和日丽，全队师生共十余人，晨间由校出发，午前十一时许，即到达夹江杜公场，休息于嘉属联中校办公处，准备午餐，并计划考察程序。午餐后，雇佣当地一名向导，直往木城（距杜公场凡二十五里）一探南安郡故城遗址，后再先往千佛岩。由杜公场西北行五里，渡河，通志谓河中有龙脑沱，上岸即千佛岩。一路石壁矗立，前临碧水，远望诸山，缥缈若画，游者至此，顿忘其劳。千佛岩上题字颇多，石壁风化，渐已漫灭。东行数十步，石龙刻像累累，或大或小，或立或坐，各极其态，目为之迷。惟其中刻像，被后人彩涂者甚多，转失原美。间有未为丹青所污者，体态自如，衣指生动，犹可见匠手艺术之高云。是晚全队借宿夹江城县立云吟镇小学内，第二天上午到达距城十里之飨堂坝，访察当地人所称"双碑"古迹。"双碑"峙立田土中，高约丈余，两两相对，盖即"二杨"墓道前之石阙也。"二杨"，一为汉故益州刺史杨宗，一为中官令杨畅，其人生平事迹，史已失考。墓地甚广，满布绿草，其上有乾隆所立石碑，正对石阙，相距约有半里之遥。考察诸人，流连休憩其地颇久，对此二千年前优美伟卓之遗迹，思古幽情，不禁油然而生。午时返夹江，饭后结队而归。抵校时已暮色苍茫矣。

新闻学会

四川大学新闻学会，自 1939 成立以来会务及工作推动成绩优异。新闻学会会员有百余人，组织分总务、研究、出版三部。每个学期结束时改选人员，选出理事十三人，分任各部职务。为传播新闻学术，阐扬战时新闻政策，每月出两次壁报。壁报内容分论著、新闻学术、大学风景线三栏，尤以后者最脍炙人口，每期出版时，阅读者极为踊跃。每三个月出"新闻学报"一册，内容亦极丰富而精彩！

新闻学会新生院分会，于 1940 年 7 月在峨眉鞠槽正式成立，选出十三名同学为学会干事，推动各项工作。新闻学会指导老师傅况鳞在新生院分会成立时为新老会员做"学校新闻之写法"讲座，校内教职员学生，均纷纷执笔撰文，在新闻学报上发表。新闻学会在峨眉期间成为广大师生了解外界的一扇不可或缺的窗口。1940 年 12 月 21 日，学会在伏虎寺祖师殿举行盛大茶话会，计到导师柯育甫、萧作梁及会员共九十余人。由王文昭主持，报告会务，随即讨论提案，最后通过议案三则：一、与全国新闻界切实联系。二、继续出刊《新闻会报》。三、与成都报纸接洽，开辟专栏，作为会员发表新闻作品之园地。新闻学会在峨眉定期组织的活动、出版的壁报和刊物非常受欢迎，成为同学们在偏僻峨眉了解外界的重要渠道。

物理学会

四川大学物理学会于 1940 年 5 月 3 日在万行庄理学院开成立大会，到会者有各院系之师长、各学会代表、各院系同学及全体会员，济济一堂，情况热烈，盛况空前。会场布置煞费经营，彩花飘扬，标语罗列，桌凳井然，座次有序，置身其间，油然而生整齐严肃之感。行礼如仪后，主席陈显志报告："物理学会酝酿已久，自敌寇逞凶，本系同人更觉应从事科学之救国运动。为了集中鸿志，团结力量，所以本会之成立已即刻不容缓之势。今后愿以研究物理学科出发，共同完成抗战救国之大业。"之后由筹备会代表黄昌莲报告筹备经过，略谓："在上次物理系联合组会席上，提出组织物理学会的议案，获得一致赞同，推同人等负筹备责任，庚即草就简章，征集会金，并请多位同学协助筹备，始于今日成立，所有未尽善之处希大会原谅。"报告毕，继请教职员讲演。生活指导主任叶先生讲词略谓："物理学会会员负有研究科学，争取胜利的责任，故本人希望两点：一对物理学要有所贡献，二对感情方面要有所联络。"之后由张院长代表沈教务长训词，略谓："筹备物理学会酝酿虽久，此会成立之纯系由学生本身应事实上之需要自动组织，因之可以断定此种自觉的组会，必能本着衷心之努力，而有美满贡献。以今天开会的情况如是热烈，更望勿蹈一般吃食会之俗例，徒有一时茶点热闹，成立会开后，即暗无声息，辜负最初的一番雄心，更辜负了教授先生们一番盛意，所以物理学会同人不能将学会当一个装饰品，应必有所贡献。今天所贴标语，琳琅满目，内容丰富，提出了本会的中心工作，公告了本会的终结目标，由于这种真情的流露，故更能判定本会必有所成就，但希望能将此热忱，保持下去，贯彻始终。"郑主任衍芬之训词，略谓："本会成立，个人非常高兴，就简章所列之宗旨而言：第一点，敦进友谊为共同研究必不可少之因素；第二点，物理科学之研究亦极其重要，差不多可以说是其他科学之基本，更是应用科学基本之基本，因本会会员就负着异常重要的责任，希望会员们本着自动组会的精神，自动研究出一点结果贡献给国家。其次，须得提醒的是物理与其他学科如数学、化学、生物等关系特别密切，物理系所开课程很有限，故研究物理者应多自动研究有关各科，不可故步自封，陷于狭隘。最末，希望本自动研究之精神，养成良好风尚，本人愿与在会同人共同努力。"郑瞻韩教授训词，略谓："物理科学至为精深，人多皓首穷年尚不能识其粗形，其病在不互相切磋。物理系同学会今有物理学会之组成，大可一改前人旧观而不蹈其覆辙。会员们拟办物理学会会报，我想有相当的困难，不如共同埋头，多做研究工作，必有良好成绩，乃能对外发表较为切实云。"李教授华宗训词，略谓："物理系过去比较散漫，今日学会成立，郑重地宣告共同研究的宗旨，此为物理的转向点。我所任课程与物理学息息相关，因为数学往往是解决物理问题的工具，数学问题又往往得借物理的观念才能适当解决，所以我对物理学会抱着无限的希望。"李教授国平演词：

"我有点感想，本着我过去的经验，知道会里当然有委员，委员之外便有会员，会员则拼命谋干委员，一经身为委员，便形同傲官，根本忘记会员委其所办之事。会员委员闹得一塌糊涂，其所办学会之意义完全失掉，该会的宗旨就变成当官，失去办会的意义，当然也失去其为学者之意义。汪精卫之所以被人唾弃，其原因即在汪已非人。所以我盼望物理学会中负责人以及会员，应更加着重人格方面的修养。"张少墨教授综合了各先生之论点加以一个总结。顾乔若主任则就古书上所载提出若干问题供会中同人之研究。张院长最后提示说：计划不易空泛，须求平近切实，以免中途丧气。张少墨教授提示说：出刊物应从长计议，先以座谈会为中心工作，并选出会员黄昌运、方善福、王继中、胡昌学、孙邦治分任各股股长，负责会务。

文艺研究会

川大文艺研究会为全校爱好文艺同学所组成，人数虽不多，而工作非常努力。文艺研究会是四川大学最早成立的学术团体之一，刊办《文艺月刊》，凡是仔细看过它内容的人，至今犹还有种不可忘忽的印象，就是它沟通中西文化的精神无或稍懈。自抗战以来，他们感于要动员全国民众，首先就要动员文化人，文化人的责任，便是启发民智，提高民族意识，所以他们便将《文艺月刊》改为《文艺会报》，由少部分人的学术阅读，变为大众生活读物，时常刊发如"战时与文艺"批评等文章，对于文化与战争的关系，详细阐发，为抗战提供精神食粮。川大迁往峨眉前文艺研究会壁报出版成绩在众多学会中数一数二，迁往峨眉后因经费支出、消息不灵等原因，内容缺乏精彩，《文艺会报》时有脱期，但讨论最多的问题就是：文艺与民族的关系。鉴于以上原因，1940年6月10日上午九时，本文艺研究会在祖师殿开扩大茶会，改选职员，出席全体师生五十三人，倪受禧同学主持，针对文艺研究会的现状和发展大家都踊跃发言并提出提案。重要的提案有：

罗念生指导提案——茶会地址，以后另觅适宜地点，使鞠槽新生院同学，能得参加机会。

罗念生，现任本校外文系教授兼系主任。罗氏清华毕业赴美国，自俄亥俄大学毕业，复在康乃尔大学研究及雅典古典学院毕业。任陕西省政府考古专员、北京大学讲师、武汉大学教授、本校教授等职，罗氏译著甚丰，尤以对拉丁文之研究，在国内极负盛名。

张文澜会员提案——会务各部负责人，应随时与会员切实联系，群策群力，推动会务，提高会员研究情绪。

廖季登指导提案——发动会员深入农村，调查民间风俗、生活情态，从事实际写作。

蒲继萧会员提案——切实推行流动借阅图书办法，提高会员研究兴趣，并发动会员写作习惯。

刘利模会员提案——请求学校设文艺研究室一间，并求图书馆多购文艺书报。

郭治澄会员提案——茶话会讨论题目，应切合大多数会员文艺水准，激发研究趣味。半月文艺须按期出版，并开座谈会，与写稿出刊等能配合进行。

商讨之后各位参会师生表演节目，饶余威先生演奏提琴，叶石荪先生、袁圣时同学朗诵诗歌，刘盛亚先生、裴景颜同学表演京戏，杨望实同学胡琴独奏，罗大骧同学歌唱等。

在峨眉时期文艺研究会举办的最为成功的一次专题讲座就是叶石荪教授讲演《文学中的传达问题》。叶教授以心理学为工具，阐述文学中，作者为求读者了解，所应注意之情感、反应和刺激。历时二个小时，讲座结束，旁听的各位川大同学无不惊叹叶教授的学识渊博、思想深邃、言语平实风趣。

话剧研究会

四川大学爱好话剧的师生自川大迁峨眉以来，为丰富师生课余生活和当地百姓娱乐生活，多次演出名剧如《野玫瑰》《蓝蝴蝶》《北京人》以及诸多独幕剧，均博得好评。但因话剧演出不能仅凭一己之臆想或接受灌注式之指导将某剧于最短期间内搬上舞台，纵因一己（或一部）之努力或指导者之努力而成功，使观众予以局部或全部之好评，但此将永无进步，且永不能对话剧有深刻之认识。爱好话剧演出的师生组织"川大话剧研究会"，希望通过不断研究，使每一爱好者都熟悉话剧基本理论，以配合实际经验，臻于善境。川大话剧研究会每周举行座谈会，每半月集研究所得出壁报一次。

戏剧研究会

川大戏剧研究会在成都市就已是学校明星社团，经常在校内演出《讨鱼税》《秋阳》《落痕》《回春之曲》《古城的怒吼》等剧目。在成都时曾经参加抗战义卖游艺会、成都市商人联合义卖运动游艺会以及最近防空协会主办之疏散人口宣传周的戏剧宣传等，成绩优良，深为社会人士所称许。川大迁往峨眉后，更以戏剧为配合文艺、歌咏及其他艺术集体活动的总表演，对于一般广大民众进行抗战建国宣传，收效甚佳。后来又聘请四川省立戏剧研究学校校长熊佛西及曾任国立戏剧学校校训导、川大校庶务科主任之廖季登先生为戏剧指导，旋蕙蓝女士为音乐指导，充实力量，排演《家破人亡》《胜利的囚徒》《渡黄河》等剧，在峨眉当地公演。在峨眉时，每逢冬季寒风凛冽之时，便利用星期日休假，为全校师生及峨眉百姓表演京剧，向全校师生和百姓募集冬衣，捐往抗敌前方。表演剧目有《钓金龟》《玉堂春》《南天门》《法门寺》等，十分精彩，观众无不称赞，募捐悉数捐往前线，为将士购买冬衣。四川大学为响应国民政府劳军倡导，趁学校放春假时，赴嘉定、犍为劳军公演著名话剧，每次演出少则一两日，多则五六日，由川大戏剧研究会青年剧社主任徐则骏教授及生活指导组主任柯育甫教授组织率领前往。

川大平剧社

说起平剧社，在川大的历史是相当悠久的，早在成都皇城时代就产生了，不过那时规模甚小，而且在成都不缺乏好的娱乐，因此同学们对它并不十分感兴趣，但平剧社却并未因此而气馁。1939年青年节，平剧社在川大皇城大礼堂举办第一次演出，博得了师生们热烈的好评。

有了这点基础，到峨眉后才得到全校师生的拥护而扩大了它的组织。在峨眉山时人数突然增加到皇城时代的五倍以上，生、旦、净、丑，文武场面，真是人才齐全，无不俱备。他们有从汉口来的名票，北平来的琴师，成都来的打鼓名手。在秋山红叶，气爽天高的时候响亮的弦歌声，响彻峨山，高入云霄，而代替了古刹的暮鼓晨钟。

从此，同学和教职员，参加的越发多了，特别值得提起的是罗念生夫人和她的妹妹。她俩都是北平的名票，曾执北平的票界牛耳数年之久，直到她们离开以后还是声誉不衰。她们参加进来，平剧社顿时活跃起来。不久之后，为了庆祝川大在峨眉的第一个元旦，在峨眉山进行首演，剧目有《黄金台》《空城计》《六月雪》《汾河湾》《女起解》《打渔杀家》。这次成绩特别好，以至于先生同学都觉得没有尽兴，于是要求再来一次。盛情难却，我们只好又演了一天，这次马小姐的《玉堂春》博得了全校的赞誉，甚至还要我们再来一天，可是因为经费和时间所限便婉言谢绝了。

1940年夏季，第九届同学毕业了，学校和同学自然要有一种惜别的表示，这责任又是平剧社义不容辞的，于是在全校同学的帮助之下公演了两天。这次公演，不但使得同学个个满意，而且惊动了峨眉县城的人们，几次来请我们到城内公演，都为我们谢绝。最后他们找到为峨眉县民教馆募集基金的机会，坚决邀请我们去公演三天。我们借着1940年秋季迎新大会公演的机会，全班人马开到县城酬答了他们的盛意。这次先在校内为迎新公演一天，在城内三天过后，峨眉县人大感兴趣，坚请再加演一天，共演四天，结果当然十分圆满。这样一来，川大平剧社不仅在校内达到正当娱乐和精神复员的目的，在校外也为人民尽了应尽的义务，使川大和峨眉县民众，建筑起更深的友谊。

从此以后，凡学校庆祝大典和节日，都由平剧社彩排助兴，计有1941年庆祝元旦的演出、欢送第十届毕业同学的演出。这一次欢送，送走平剧社很多台柱，幸亏后继有人，再接再厉，结果在本校十周年纪念和迎新大会上，又演出了更精彩的节目。

同盟国战胜了法西斯，敌人失去了他的主动权，因之也失去他的制空权，像过去肆无忌惮的滥炸也不会有了。大学是不能与都市脱离太远的，川大有仍然回到都市怀抱里的必要，因此在黄校长的主持之下，于1943年春季便迁回望江楼新址——这里有着盆地上最好的风景——平剧社以它过去的荣誉，继续活跃于濯锦江畔。虽然我们的实力因旧社员的纷纷离校而大大地削弱了，但来到成都却又添了不少新人物，他们在学习的热情上仍不减于旧学员，并在省大礼堂做了一次欢送第十二届毕业同学的演出和川大建校十二周年纪念的演出。

伤兵之友社

伤兵之友社自从全国发动以来，各地纷纷起而响应。四川大学于1941年3月18日起，全校即开始动员，程校长在升旗仪式上报告征求伤兵之友意义后，由生活指导组制就募捐册多本，另于校中教师宿舍等各处张贴各种征求伤兵之友标语。各学术团体复出版伤兵之友特刊，尽量宣传，故推动结果，成绩良好。全校师生1365名捐款共计3000多元，四川大学伤兵之友社吸纳教职员普通会员20人，赞助会员175人。学生会员人数，新生院274人，理学院144人，文法学院477人，农学院182人。

中国青年写作协会川大分会

1939年初文化界人为团结青年作者，鼓舞写作兴趣，增进写作能力及解除写作困难，在重庆发起组织中国青年写作协会。总会设在重庆，分会遍布国内各大都市与各大学及南洋群岛等地，并出版《今日青年月刊》。中国青年写作协会川大分会于1939年12月17日在纯阳殿举行成立大会，并举行会员会餐，有四十余人出席。商议各种提案多项，并选举周畅富为常务总干事，黄学慎为总务组主任，胡信琳为组织主任，余林、何守仁为编辑组主任，汪盼霞、王沛南为服务组主任。

中国青年写作协会总会特聘请川大程天放校长、傅况麟先生、叶叔良先生、徐中舒先生、凌均吉先生、胡鉴民先生、王绍成先生、谢文炳先生为该会指导员。总会主编的《今日青年月刊》已经出版，并与广大读者见面，这本刊物在川大师生中广为流传，川大分会新会员人数也与日俱增。

峨眉歌乐会

音乐为陶冶性情之工具，古人以之列于六艺。四川大学学生课余之暇，于 1940 年自发组织峨眉歌乐会，一起研究音乐，快活身心。成立以后屡次参加学校举办的各种游艺大会，节目十分精彩，中外音乐节目悉数登场，颇博全校师生之赞扬。这个社团特函聘国内有名音乐家江定仙、王人艺、贺绿汀等先生为顾问，复旦大学文摘社严文蔚君为驻渝代表，经常采购新出版中外乐谱，供大家研究。校内该会聘请饶余威教授为声乐指导，宋君复夫人为器乐指导，社团所采编节目十分专业。

艺术展览会

四川大学为增进教职员生艺术欣赏兴趣，于 1941 年 5 月 24－25 日，举行艺术展览，送展展览品以教职员及其家属之收藏品和创作品为主。先期由程校长聘定：文学院长向仙乔先生、教授邓只淳先生、饶孟侃先生、王文元夫人刘家裕女士及总务长刘觉民先生，组织艺术展览筹备委员会，并以刘总务长为主任委员，积极筹备。原定五月十七日开幕，又因该日为本校举行运动会之期，遂改于五月二十四、五两日在伏虎寺大雄殿左侧楼下举行。会场分为四室，陈列各品，计字三十六件，书一百八十四件，古钱八十二件，摄影十二件，陶瓷六件，古琴一件，合共三百六十九件，琳琅满目，美不胜收。两日观众，除本校教职员与其眷属及各院学生外，远自峨眉县城来校参观者，有峨眉中学全体学生及各界爱好艺术人士，合计二千四百余人。

艺展作品中，程校长收藏之蒋志澄夫人画山水、陈立夫夫人画春山访友图、张书旂之鱼乐图等，极得观众赞许。饶孟侃先生收藏之张二水之字、恽南田之水仙、杨晋之宫装仕女舞剑图三幅，为此次展览会中不可多得之品。向仙乔先生收藏横幅墨宝，陈列第一展览室正中，尤使观众肃然起无限之景仰。赵香宋书手卷一幅、游峨眉诗横幅、先后寄怀向仙乔先生诗手卷及向春舫山水画，均极名贵。熊文敏先生藏齐白石墨蟹及张书旂薄雾亦颇具特色。

金石方面，以饶孟侃先生送展之铜镜为最优，自秦迄唐，历代作品三十面。又周代玉璜玉佩，殷代儿童玩具，及宋砚等，均觉古色古香，极有价值。古钱以邓只淳先生收藏的最多，周之刀币、秦之半两、汉之五铢、以迄宋元历代古钱，各备一格。李季谷先生收藏之献忠养子兴朝通宝诸钱及沈超先生之新莽刀钱，均为难得之物。凌生亮先生之明琴亦佳。至本校个人创作出品，字推向仙乔先生为最多，书以王文元夫人刘家裕女士为最多，凡水彩、铅笔、木炭、油画各类均备，其中以立轴菊花、葡萄，油画美女诸幅，尤为生动有神。沈幼梅女士之香烙画，颇具特殊作风。方瑞典夫人朱明玉女士画的二乔图，令人想见美人绝色，千古不磨。王浩、凌生亮诸先生之山水画幅，结构有致。摄影首推王文中夫人、杨化光女士的作品，堪称杰作。众学生作品中，朱遗勋之满江红刻石，益以向仙乔、殷孟伦诸先生之题咏，自亦出色。其他如萧嘉辉之字、王治平之油画、刘沁超之图案画、郭英之铅笔画像、黄尘之山水小幅，皆有可观。程校长女公子程琪女士，现肄业报国小学，课余从刘家裕女士学画，此次送展铅笔及水彩写生画图多幅，观众尤叹为难能云。又据艺术展览会负责筹备人刘总务长谈：此次筹备时间虽觉迫促，但各方送展踊跃，促成盛举，使展览会圆满结束。对于送展各先生及同学，表示感谢之意。再送展各件，均由负责筹备人，亲自照料保管，故无丝毫损坏。并谓经此展览后，校中对于艺术欣赏空气，为之一变。今后尚拟再举行全校师生书画展览一次，以资观摩云云。

中国围棋会峨眉分会

围棋在我国为古之弈，史略谓系帝尧所作以教子丹朱者，《西京杂记》言，汉宫竹下围棋，为棋名之始，故知是一种高尚娱乐品。程天放校长为丰富川大迁峨后教职员课余娱乐生活，发起设立中国围棋会峨眉分会。由程校长担任会长，每周礼拜举行围棋比赛，参加会员棋术，均与时进步。会务组织亦极健全，会员分为甲乙两组，凡四川大学教职员，对围棋具有研究兴趣，经会员二人以上介绍，可以成为甲组会员。学生具有同等资格者，可以成为乙组会员。会内并设有顾问多人。

1940 年度各种学术团体指导员及导师名单

国学研究会导师：李炳英、龚向农、向仙乔、向宗鲁、陈季皋、殷孟伦、徐中舒、周癸叔

英文学会导师：饶余威、金尤史、饶孟侃、罗念生、顾绶昌

文艺研究会导师：叶石荪、饶孟侃、柯育甫、饶余威、胡子霖

史地研究会导师：束天民、祝屺怀、冯汉骥、李哲生、徐中舒、王文元、余俊生

经济地理学会导师：赵守愚、王文元、梅远谋、余俊生

教育研究会导师：张敷荣、沈莜斋、邓只淳、黄离明、叶石荪、刘绍禹、罗容梓、邱友铮、柯育甫、熊文敏

法律学研究会导师：朱显祯、胡□□、龙维光、罗仲甫、钟行素

社会问题研究会导师：胡鉴民、叶叔良、萧作梁、邱友铮、柯育甫

青年问题研究会导师：沈莜斋、张敷荣、凌均吉、萧作梁

妇女问题研究会导师：张敷荣、柯育甫、石璞

新闻学会导师：刘觉民、柯育甫、叶叔良、萧作梁

青年写作协会川大分会导师：向仙乔、金孔章、邱友铮

青年月刊社川大分社导师：徐则骏、萧作梁、柯育甫

尚志读书会导师：张敷荣、刘绍禹、罗容梓

讲演研究会导师：刘觉民、柯育甫

音乐研究会导师：饶余威、石璞、沈瑞箴、范继增

平剧社导师：叶叔良、陈曼青

戏剧研究会导师：顾绶昌、范继增

望峨剧社导师：范继增、曾□

青年剧社导师：徐则骏、范继增、顾绶昌

办校育民
校地共融

新建报国小学

四川大学迁峨后，一方面教职员多感子女失学之苦，为减少教职员对子女教育之顾虑，一方面鉴于山间失学儿童，苦无读书识字之机会，为普及教育，由教育系开办报国小学一所，便利本校教职员子女求学，并可救济临近乡村失学儿童，而川大教育系学生亦有实习之机会。

1939 年 11 月由四川大学、峨眉各寺庙及当地政府机关联合召开筹备会，由四川大学与僧伽合办报国小学，并选举小学董事邓只淳、张敷荣、罗容梓、黄离明、熊文敏、胡兰、果玲、圣学、圣柱等九人。几经筹划，选定报国寺的附近为校址，新建房舍。川大与报国、伏虎两寺商定：由二寺捐助木料，川大担负建筑费一千六百元，招工兴建校舍，并由川大给临时设备费四百元，购置校具。

川大望峨剧社、党义研究月刊，各捐国币五百元。报国寺、伏虎寺各捐五百元，万行庄、保宁寺各捐三百元，善觉寺、雷音寺各捐五十元作津贴。川大戏剧研究会，趁课余时间，发起公演各种抗战戏剧，向校内教职员和同学募捐，为补助该校设备及增购图书之用。

报国小学于 1940 年 4 月 1 日正式开学。在最初一年内，该校因为物价高涨，每月仅有一百四十六元经费（四川大学每月津贴百元，该校所收学费，每月分配约四十六元），仅维持初级二班、高级二班，其中办理困难情形，当非校外人士所能想象。

报国寺、伏虎寺致国立四川大学创办报国小学董事会函，大意：感谢川大兴办报国小学，并由两寺捐助营造校舍之树木。（现藏于四川大学档案馆）

1940年3月1日，四川大学致国立四川大学附设峨眉报国小学校董事会的函，大意：请董事长邓胥功、校长蔡彰淑领取川大筹付的日常办学经费。（现藏于四川大学档案馆）

国立四川大学校长程天放呈请四川省政府教育厅选派从战区流亡到川的中小学教师，以充实报国小学教员的公函。（现藏于四川大学档案馆）

当时四川大学经费颇为紧张，希望将报国小学改为川大师范学院附属实验学校，经费由教育部拨付，但是教育部没有批准，报国小学由川大、峨眉及地方人士的无私帮助而得以延续。

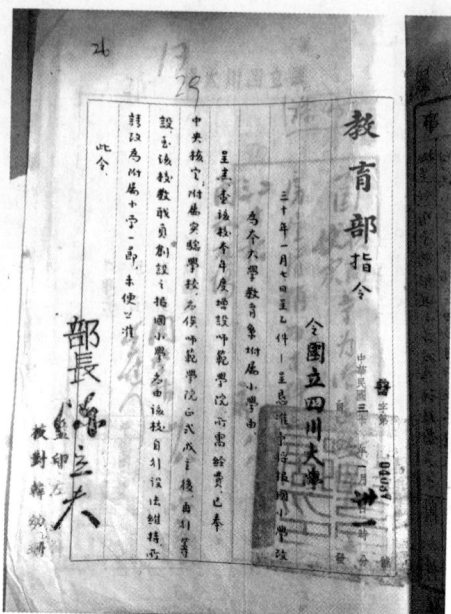

国民政府教育部给国立四川大学的指令，大意：报国小学暂由川大自行设法维持。（现藏于四川大学档案馆）

后该校经费实在无法维持继续办学，校董会决议请四川大学接收，改为川大正式附小，并请自 1941 年 1 月份起增加每月预算至 450 元。程天放在万难之中从川大预算经费中拨付，以使报国小学得以为继。1941 年秋川大师范学院成立后，即正式改为师范附小。两年来校地两家艰苦经营，报国小学才慢慢走上正轨。兹为使热心报小人士，易于明了该校过去及现在发展，特将该校两年来进展情形，附以数字表示，列表如下：

	1940		1941	
	上	下	上	下
学生数	100	115	122	132
教职员数	9	12	15	16
工役数	1	1	1	2
班级数	4	4	4	6
每月经常费预算数	145	145	450	895

续表

	1940		1941	
	上	下	上	下
每月经常费计算数	200	242	470	945

注：1. 教职员数一部分为义务职，不支薪。

2. 二九年上、下半年薪工费一百元，设备费一五元，办公费三十元。

3. 三十年上半年薪工费三百七十五元，设备费二八元，办公费四七元；下半年薪工费七〇一元，设备费七二元，办公油炭费一二二元。

除上表所列之外，两年以来，报国小学在训导及教务实施方面，每日都在进步之中。自1941年8月改为师范附小后，该校同人更觉责任繁重，倍加勤勉，希望在短期内使该校成为名实相符之师范学院附属小学。惟以目前限于经费，致校舍教具及图书设备等尚感缺乏，不能一一实现。如下年度教育部能按该校预算核准，则附小前途必可告慰社会人士及学生家长之期望。

1942年元旦，师范附小举办恳亲会并表演游艺，计到会各学生家属及来宾四百余人，参观该校情形后，均表示满意。游艺节目，纯为该校学生所表演，极富抗战意识，其中尤以《木兰从军》《苏武牧羊》《小画家》各剧，深得观众之赞赏。

复建峨眉中学

峨眉县立初级中学，原系地方士绅伍卓如、谭纪常、魏乾初等1926年向教育厅请求创设，经各方努力，始于1928年春季开学。数年间，历届毕业生达二百余人。1935年因办理不善而停办。1940年峨眉县小学毕业学生日益增多，均感升学不便，复有恢复中学之议。峨眉县县政扩大会议决定由地方士绅伍柳村、童硕夫等多人筹划恢复峨眉中学。

伍柳村教授是峨眉山罗目镇人，1912年出生，1937年以优异的成绩从四川大学法律系毕业。本打算毕业后赴日本留学深造，因七七事变，中国进入全民抗战时期，便毅然改变留学日本的初衷，接受川大聘任，留校任助教，开始其教书育人生涯。伍柳村热心家乡教育事业，1939 年秋，在他积极呼吁奔走之下，在家乡创办了正本小学。创校之初经费捉襟见肘，他独自为该校教职工支付两年工资及办公经费。1940 年又为恢复峨眉中学四处奔走，以"峨眉县恢复初中筹委会"委员身份推荐同为川大校友的谭兆临为校长。谭兆临受任校长五年半，治学颇为严谨，成绩显著。1943 年，他还在西昌倡议创建边民实验学校和西康省第二边疆师范学校，并作为校务委员会常务委员处理校务事宜。

伍柳村不仅关心家乡教育事业，他还是一名革命工作者。1946 年 1 月，政治协商会议在重庆开幕，给全国人民带来新的希望，但不到半年时间，蒋介石背信弃义，向解放区大举进攻。1946 年 7 月，震惊中外的"李闻惨案"发生，从而引发了"反内战、反独裁、反迫害、反饥饿"的学生运动。当时国民党西昌警备司令部在一日凌晨抓走了西康技艺专科学校的七名进步师生。伍柳村是该校教师，因他为人正直、爱护学生，学会便上门请求他营救，同时西昌地下党亦请他出面营救。他不顾个人安危，赶赴国民党西昌警备司令部，与国民党军警交涉，终使七名学生获释。新中国成立后，四川大学党委将此事定为：在地下党领导下，接受党的任务，从事地下革命工作。1947 年根据时局的需要，倡议在成都创办《西方日报》。该报采用隐讳、曲折的方法揭露国民党反动派的种种罪行，报道解放战争的进程，特别是副刊上的散文和杂文，引导民众深思、觉悟。1949 年该报遭到国民党查封。

伍柳村一生治学严谨，是我国著名的法学家。1946 年，年仅 34 岁的他便升任教授。他在刑法领域刻苦钻研几十年，造诣很深。1981 年司法部组织编写高等学校法学教材《刑法学》，聘请他担任特约编辑，这部教材后来获得司法部颁发的优秀教材奖，伍柳村也获得了优秀编辑奖。

推进社会教育

四川大学社会教育推行委员会于 1938 年在成都成立。成立前社会教育工作由各院系根据自身特点自发地组织民众教育活动，积累了丰富的实践经验。在社教委员会成立后，更加有组织地在成都开展社会教育活动，成绩显著。四川大学迁到峨眉后，积极与峨眉当地合作推进峨眉的社会教育，社会教育的工作根据峨眉实际需要和川大自身能力逐渐推行，并调整分组为总务、民众教育、民众法律顾问、地方自治指导、合作指导、农事指导、体育卫生、调查、宣传九组。

文学院曾设小学教育通讯研究处及民众夜课学校，法学院设民众法律顾问处，理学院设战时民众常识讲习班，通过这些活动来满足峨眉民众实际需求，其中一些日常活动成绩十分突出。

学术讲演：由四川大学从各院教授中推选出九人，利用星期日在四川大学、当地民众教育馆内依次举行各类抗战有关之学术讲演，以提高听讲者之抗战认识，聚众颇多。

小学教育通讯处：延续四川大学文学院以前工作并增加小学教育进修活动。凡小学教员及校长关于学校行政、儿童身心健康、训导方法、课程与教材、各科教学方法、成绩考查方法、学校设备、特殊儿童教育、乡村小学特殊设施，如有疑难，俱可依规定格式提出问题，由本处代为解答。其负解答之责者为教育学系学生，但解答须经教授修改后始得发出。川大迁到峨眉以后，由于通信和战事关系，人心不定，提出问题者不多。

民众识字教育：四川大学教育研究会在成都原设有民众夜课学校一所，自社会教育推行委员会成立后，将其改办为民众学校。川大迁到峨眉以后，该校的办学规模不如从前，但参加的民众却十分踊跃，该校学生分甲乙两组，国语一科根据学生不同的文化程度分班教学。

教学课程有国语、珠算、唱歌，此外还开常识与公民训练两科以补充国语。因为峨眉当地人口较少，学校距离县城较远以及民众日常劳动所限，所收学生不多，计共有男女学生54人。民众夜校管理人及教员大多数为教育系学生，其他院系学生也有参与。

民众法律顾问处：这项活动在成都就已经开展，在川大迁到峨眉以后继续在伏虎寺设立民众法律顾问处，为峨眉民众服务。

组织农村服务团：川大为避免空袭危险迁往峨眉前，一、二、三年级学生停课，川大遂利用此停课期间组织农村服务团，前往农村工作。参加学生56人，分农事、卫生、宣传、教育等组。聘教授一人为主任指导，助教二人、校医助理一人协助指导。服务时间为两月，主要在彭山、青神、苏稽工作。

迁到峨眉后，川大在行课期间为周边民众提供日常教育咨询服务。每逢假期，利用深入乡村的机会，不仅为民众提供各种服务，还开展乡村调研活动，在峨眉附近农村累计开展经济调查284户。由教育系、经济系学生在四川大学附近农村开展农民之友工作，每人负责农家服务十至十五户。在校期间长期联系，同时辅助三个团体从事农村调查及宣传工作：一为教育系学生所组织之教育参观团，赴嘉定五通桥一带调查社会教育推行概况；一为植物病虫害学会所组织之乡村服务队，做植物病虫害之调查及防治宣传；一为法学院之峨边旅行队，经由龙池、沙坪到峨边，对所经地带普遍调查其社会经济、教育文化、生活风俗等概况。上述团体之工作时间，都在一月以上。其它如民众学校、妇女星期学校、合作指导处、戏剧歌咏队之设立，茶馆讲书人之训练，地方自治之指导，都不再一一赘述。

另外，川大教育系四年级同学每年都会组织教育参观团访问峨眉县政府教育科及民众教育馆。该团分为经费组、统计组、人事行政组、视导组、国民教育组、档案管理组六组。两者就峨眉县社会教育推进状况进行研讨和合作。四年级学生完成课业后，到峨眉县政府、县民众教育馆做实习服务。同时应川大峨眉县工作干部人员训练班之请，每年派数位教授和干事前往做各项教学、讲座，为峨眉当地培养工作干部。

国立四川大学教育推行委员会1941年度工作计划大纲及经费概算。涉及总务组、妇女学校、农民之友、茶馆讲书人训练、民众法律顾问处、地方自治指导组、体育卫生组、农事指导组、调查组、宣传组各项工作继续开展方式、内容，主要地点和经费预算等内容。（现藏于四川大学档案馆）

纪念"九·一八"

四川大学农学院于1939年9月11日在成都东郊开学，文法理三院因疏散后建筑尚有一部分未完工，至 9 月 21 日才上课。文理法三院教职员和学生大都到校，开课前 9 月 18 日上午 8 时，在峨眉山举行纪念"九·一八"八周年仪式，程天放校长，傅况麟总务长，文学院院长向楚，法学院院长曾天宇，理学院院长张洪沅，三院训导主任邱友铮、钟行素、胡钝俞，女生训导主任胡兰，各院系主任教授邓胥功、谢文炳、赵人儁、凌均吉、方文培、郑衍芬、张仪尊、柯召等及学生千余人出席。程校长发表即席讲演后散会。下午 2 点，动员全校同学赴峨眉城区开展宣传、慰问出征军人家属、出壁报标语、戏剧表演、游行等活动，每组指定专人负责。师生们精神焕发，秩序颇佳，并参加峨眉县城各界"九·一八"八周年纪念大会。由川大理学院薛文彬代表全校同学向民众讲演，词极沉痛恳切，发人深省，听众异常感奋。会后更参加化装游行，寓意深刻，引起民众无限同仇敌忾之情绪，迨全体同学归校时已暮色苍茫矣。

纪念辛亥革命

川大热血青年在峨眉大自然的怀抱中，而内心却无时无刻不能忘掉当前的国难，求知以外还负有唤醒农村同胞参加抗战建国工作的责任。所以值兹伟大辛亥纪念到来之际，同学们决定举行一个扩大的纪念会。在这个会中他们有四种不同的目的：

使峨眉人民了解辛亥革命的意义。

使峨眉人民认清当前抗战建国的形势。

川大同学要与峨眉人民打成一片，并为峨眉人民服务。

全校师生感情的联系。

基于上述的四种需要，这一个辛亥纪念大会在短短的几天筹划中产生了！

1939 年 10 月 10 的早上，那是一个再好没有的天气。尤其因为情绪太兴奋的缘故，虎溪丛绿的树林，万行庄后涓涓的流水，无一不使我们对此大好锦绣山河，产生更美好的情感。此时想到先烈建国的艰难和沦陷区域数千万流离颠沛的同胞，虽云安居后方，然而能不生出无穷的惋惜与悲愤？

开进峨眉县城：晨风拂面撩人，晓日微照天畔，此时川大数百男女青年同学，芒鞋草履，由伏虎寺、万行庄浩浩荡荡地向峨眉县城出发，死气沉沉的峨眉县城，刹那间，每一个角落里都有川大同学的踪迹，这使峨眉人民惊异了！

警报声中：十点钟的时候，峨眉县城的纪念大会正要举行，忽然警报响了，这当然不能不到附近郊区去隐蔽起来，直到一点钟后才解除警报。三点钟大会始在峨眉公园举行，数千青年男女，工农同胞，在热烈情绪鼓舞下高呼着口号，踊跃地跑到献金台前献金，这一切的一切，俱充分体现了中华民族复兴的新气象。

参加游行：大会后游行的队伍由公园出发，女师前导，县小继之，川大队伍在歌声高亢中并有很精彩的化装队伍。小小的峨眉县城，自然在此种炽热情绪鼓舞下领受着更新的刺激，改变以新的姿态。

街头讲演：游行结束时，川大同学继续在街头举行宣传，出动的人一共分作六个小分队。一般人民在游行中本来已对川大有一种新奇的感觉，此刻更是争前恐后地加入听众中。最值得一述的是两个同学的化装讲演：一个是王玉琳同学化装的流浪人，一个是喻厚高同学化装的老和尚。他们俱以非常高明的艺术手段扮演得惟妙惟肖，使一般老百姓对他们的讲演格外地发生兴趣，这是通俗宣传一个很大的成功。至于他们讲演队一般宣传的内容，大概可分作五方面，每一个同学只担任讲演一种。

如何纪念国庆。

抗日讲话（包括抗战形势、抗战故事、人民义务等）。

世界大势。

川大迁峨的新任务。

川大同学如何为峨眉的同胞服务。

万寿宫的话剧：五点钟的时候宣传终结，话剧就在万寿宫正式演出，观众人山人海，万寿宫的广场找不到一个空隙。话剧是一幕独幕剧——《打鬼子去》。情节紧凑，是很好的宣传剧，全场情绪紧张，观众俱感到极大的兴奋。说到这里，我们却不能不感谢几位演员，一位是演一姑娘的熊光璧小姐，一位是演张大嫂的潘作钿小姐、一位是演老者的杨□□同学，她（他）们不仅是忠于剧本，而且是以伟大丰富的感情灌输到剧本去，使全剧更真确化、自然化、生动化！

归途的歌声：夜色已深深地笼罩着大地，在星月朦胧中大队队伍才离开峨眉县城而回到学校去。黑暗不能使我们恐怖、屈服，沿途奔放的救亡歌声，响彻云天，我们火一般的热情燃炙了酣睡的峨眉原野。中华民族觉醒！中华民族复兴！

一夜的间隔：辛亥纪念虽成过去了，然而我们的情绪依旧亢奋，纪念任务尚未完成，第二天又在伏虎寺举办热烈的游艺大会。这是纪念辛亥革命活动的预定计划，因为恐怕人力不敷，才分期举行。一个是对峨眉县城的同胞，一个是对峨眉山下川大附近的邻居。

当日也是一个再好没有的天气，对于这一个游艺会的举行，川大同学是比峨眉县的扩大宣传抱着更大的热情，有着更多的努力。

庄严的牌坊：由报国寺起，沿途的标语，已逐渐映入眼帘，过关爷庙到伏虎寺，一座柏枝牌坊横跨在大路上，人工的精美，实在非言语可形容！就是这一点，已足使人感到辛亥更深的意义。由此过虎溪木桥，经灵官殿沿石阶直上，过宝贤殿、虎溪精舍至大雄殿，沿途标语漫画，触目俱是。而伟大庄严的牌坊又接二连三的有五座，一座比一座精美，一座比一座壮观。这应深深地感谢警卫队的兵士，因为他们曾为此辛苦不少！

精彩的壁报：在会场布置中使人最感兴趣的莫过于壁报。本来宣传的两个主要工具，一个是文字，一个是言语。在此偏僻的峨眉，无法印制大批宣传品的时候，文字宣传当然最好是以壁报代之。所以此次的壁报在余庆林、程举、张正楷、刘沁超诸位同学的努力下，一共出了四大张与连环图画，内容丰富，布置精美，使人一看就觉得爽快兴奋！尤其是连环图画更使一般老百姓留下深刻的印象。

除掉筹备会壁报组所出壁报而外，其他如政治经济学会、新闻学会、文艺研究会、妇女问题研究会亦俱同时出壁报一种。站在各种不同研究会的立场，针对当前民众的需要，他们曾尽最大的努力与壁报组光辉相映，尤以妇女问题研究会的壁报使人感兴趣。我们应向各个学会负责人的努力致以敬意，同时希望他们永远继续着这种努力精神！

会场一瞥：游艺大会的会场设在大雄殿下，时值正午，到会的农村同胞已是络绎不绝，五六十岁的老太太，不惯见人的村姑，都出人意料地来得不少，还有从县城奔波二十里来的童军与女师同学，这些俱值得川大的感谢，因为我们究竟没有什么可值得他们满意的。一点钟后，会场已告人满，在一片救亡歌声中，彼此交流着奔波的感情。筹备会招待他们五分钱一份的点心，虽说微薄，然而他们却格外觉得香甜。赤日下他们没有疲乏的表示，相反的只是生气勃勃的，似乎在受着一种洗礼！

在极度紧张的空气中，主席宣布举行开会仪式，全体肃然起立。主席作了几项摘要简报后，向院长作了一个简短的讲演，在歌声嘹亮中，游艺节目正式举行了！

剧目演出：开始演出的是一幕独幕剧——《渡黄河》，这种剧当然最投合农村同胞的个性，所以刘治高同学的店老板，李侠平小姐的老板娘，张宇高、杨肇坚同学的农民，有时使他们捧腹大笑，有时博得他们不少热烈的鼓掌！继《渡黄河》而演出的是三幕讽刺剧——《软体动物》，老实说来，这种剧当然不能为一般农民所了解，不过这次游艺会最大目的是联谊，对农村同胞侧重在宣传，对全校教师与同学则侧重在联欢，前面宣传的东西已经不少了，所以这三幕剧也为辩论会同学所采用。就艺术的眼光来看，《软体动物》的演出，是极大的成功，尤其在几天准备下能有这种收获，更属可贵。这里当然更感谢几位演员，因为他们的努力，才使我们有此艺术赏鉴的愉快！

胡信琳小姐担任全剧最主要的一角，台词既多，表情复杂，然而她能以不到一周的准备，使剧中人物灵活地显到我们的眼前，使我们对剧中人的一颦一笑俱生极大的兴趣！这里我们当然不能不赞叹胡小姐的演剧天才，同时也觉得她的聪明实在惊人。就担任的角色来说，张化琛小姐是我们最欢迎的一个，她以自然潇洒的态度、流利的说白尽了对剧本最忠实的责任。邓显瑞与张秀杰同学演出两个恰正相反的人物，俱能各显所长，使全剧为之生色，尤以邓显瑞同学表情为难。可惜因为时间太晚，剧台灯光布置缺乏，致为一点小小的缺陷。

记得这三幕剧在成都曾为影人章曼萍、陶金等在舞台演出过，我们今日的技术、布景，固然不足与他们比，然而加上环境的困难，预备时间的短促，我们实在也不比他们逊色呵！

数百川大同学的努力，几天的辛苦，使这一次的辛亥纪念在峨眉有声有色地度过！我们不敢说这足使我们满意，但究竟是辛苦地创造，不无些微的收获呵！

火热的情绪燃遍了整个的峨眉，农村同胞已渐走上抗战的行列，但愿这一颗小小的种子能从此繁荣滋长着！

纪念"五四"　招待外宾

每年五月到来之后，全国都卷起了青年的浪潮，抗战后更是怒吼的浪潮，川大学子每年都要纪念"五四"。1940年原定"五四"纪念大会，因峨眉天降大雨，顺延一日，于五月五日早晨举办。川大学子分三队向峨眉城进发，上午十一时左右到达县城，就开始在城内做宣传工作，标语壁报，灿烂满目，并借茶馆酒肆讲演，听众异常拥挤，交通几为断绝。午后二时，在峨眉县城万寿宫表演《最后一计》《盲哑恨》《乞丐从军》《九一八以来》等剧，均为青年剧社熊光璧、鲍家聪、严文炜、邓显瑞等二十余同学主演，精彩百出，观众数千人，大为感动，是为峨眉空前盛举。峨眉县县长张镜蓉亲到剧场发表演说，对川大学子报国精神极表敬佩。下午六时，各剧演毕，始行返校。此次宣传极大增进了峨眉县民众抗战情绪。

四川大学纪念1941年"五四"青年节游艺会，由川大青年、望峨两剧社主办，于1941年5月4日晚七点在伏虎寺大礼堂开演，虽值阴雨，观众热情却未稍减，且有国际来宾慕励知参加。第一幕为望峨剧团主演之《重逢》，主角为陈家瑞及曹立英两同学，表情逼真，表演卖力，博得掌声不绝。闭幕后，有同学提议请慕励知唱《义勇军进行曲》，全体掌声响应。慕君遂由严文炜同学陪伴，十分从容地走上舞台。慕励知十分谦让，不肯立于舞台中间，站在台角，且操华语，故作谦词曰："我不会唱歌，唱得不好！"旋乃启其洪亮之歌喉："起来！不愿做奴隶的人们，以我们的血肉，作成新的长城……"① 字句清切，声乐合节，且含激昂慷慨之意，一曲唱罢，欢声与掌声雷动，慕励知含笑下台，中美两国青年之精神，遂于此歌声中打成一片。第二幕为青年剧社张秀杰、鲍家聪、朱宝琪、郑公祚

---

① 参见《青年节举行游艺大会》，《国立四川大学校刊》1940年第8卷第14期。

主演《最后一计》。因四人均系剧场老手，演得神情毕肖，感人最深。最后一幕为完全以英语对白"The rising of moon"表现异邦爱国情绪，极其精彩，慕励知大为称叹。至深夜十时半，才闭幕后散会。

四川大学其他各学术团体，如社会问题研究会、政经学会、教育研究会、新闻学会、妇女问题研究会、文艺研究会等，也在五四青年运动节当天，举行纪念会，办出特刊或油印宣言，阐发五四运动意义。

在"五四"节前夕，适逢全美学生代表慕励知为考察我国抗战期间学生生活状况来华，将到川大参观，生活指导组即召集在校学生筹备欢迎会。1941年5月1日，（慕励知）由全国青年协会学生干事江文汉及世界学生会中国分会书记宋如海两君陪同自嘉抵峨，下榻峨山旅行社，下午来四川大学参观，生活指导组迎接招待，带领参观文法各学院，晚上学校在报国寺设宴招待，宾主甚欢。

5月2日上午全校学生在大礼堂开欢迎大会，参加学生异常踊跃，台上布置整洁，灯光辉煌，由严文炜同学主持，作简单介绍，并致欢迎词，略谓："中美两国之友谊，由于美国人民物质及精神上之帮助抗战，已逐渐增进。中美为东西两半球之姊妹国，吾人深信中美两国合作，实为世界永远和平之基础。本校同学，深谢慕君今日之过访，并盼慕君返国时，将吾人感谢之意，转达全美各大学同学。"[1] 后由慕励知讲演，略谓："美国全国大学生援华运动，已将三年。此种运动，基于对中国深切之同情。美国援助中国学生之款，完全募自贫穷之学生，美国学生百分之八十五同情中国，对中国认清真正敌人，乃日本军阀，而绝非日本民众之观念，尤为钦佩。本人为明了中国抗战期间学生生活状况，特于去年来华考察，经过印象，极为良好。本人返国后，拟在美国各大学作一年之讲演，必将中国战时大学生之生活，详为介绍，更谋获得更好之帮助。"[2] 最后由江、宋两先生分别报告青年会及世界学生会之近况，并盼本校同学将抗战活动及生活状况踊跃投稿。慕励知在校与同学共同生活，与川大学生共度"五

---

[1] 《校闻：欢迎全美学生代表慕励知君详志》，《国立四川大学校刊》，1940年第8卷第14期，第13页。
[2] 《校闻：欢迎全美学生代表慕励知君详志》，《国立四川大学校刊》，1940年第8卷第14期，第13页。

四"节。

共庆元旦

1940年元旦，于兹降临，全国国民应以迎接新年热烈情绪，勤力于抗战救国工作。因此1940年元旦，川大为激发师生抗战情绪，特扩大举行庆祝。是日天气晴朗，万象更新，全校师生一千余人，上午九时在临时校址大礼堂，由程校长主持，举行庆祝仪式，并发表讲演，庆祝元旦与描绘希望，词义精彩警惕，听者欢欣振奋，全场充满顺祥气象，足兆民族复兴。中午在祖师殿，举行全体教职员聚餐，佳肴美酒，清洁简单，颇合新生活条件。午后五时游艺大会揭幕，彩串表演《空城计》《汾河湾》《打渔杀家》等剧，幕幕精彩，表情尽致，全场观众皆感欢愉。第二天和第三天傍晚继续表演方言剧、话剧、音乐等，皆为本校平日对音乐戏剧有研究学生担任表演。此次庆祝大会，除游艺而外，尚有各学会各学系壁报及新年联对等，将临时校址，点缀如春城一座。来宾到校参观者有禁烟视察团及峨眉县党政机关人士，对本校学术研究风气及精神生活均极称叹。

合办运动会

1942年5月1日至3日，四川大学与峨眉县政府联合举行峨眉县春季运动大会。5月1日上午九时，运动大会在峨眉县绥山公园运动场开幕，参加单位有国立四川大学、峨眉县立中学等二十余单位，参加运动人员有四百余人，分男子高级组（大学组及业余组）、女子高级组、男子中级组、男子初级组及女子初级组等七组，到会观众五千余人，情绪热烈，盛况空前。

开会情形：名誉会长程天放校长，名誉副会长朱显祯、刘觉民、柯育甫、魏乾初，万希成会长，叶青县长，副会长鲁醒群、王渤洗、谭照临、李圁愚、陈志远，总干事宋君复，裁判员张敷荣、陈曼青、陈烈甫、徐志明，计时长朱建民等及来宾多人到会参加开幕式。由大会会长叶青主持并报告大会筹备经过，并即席致词，约分为三点：（一）运动道德重于运动成绩；（二）运动纪律重于运动技术；（三）团体重于个人。词毕，继由朱教务长代表程校长训词。上午十一时十分由大会全体职员率领全体运动员，伴随着军乐悠扬声中，绕场一周，大会职员仍返裁判员岗位后，随即开始运动节目。

运动节目：5月1日上午，径赛，男子高级百公尺初赛、男子中级百公尺初赛、女子高级五十公尺预赛、女子中级五十公尺预赛；田赛，男子高级铜球决赛、男子初级跳远决赛、男子高级铁饼决赛等。下午，田赛、径赛项目决赛；团体表演：报国小学的《合力御侮》、简师附小团体操、峨眉中学国术。5月2日上午，男子初级二百公尺初赛、女子中级二百公尺初赛，田赛女子高级跳高决赛、男子手榴弹决赛，团体表演等。下午，男子中级二百公尺复赛、男子初级五十公尺决赛，田赛女子初级跳高决赛、男子中级手榴弹决赛等。3日下午，男子高级四百公尺决赛，男子初级四百公尺决赛、田赛男子高级跳远决赛，女子高级垒球掷远决赛、男子篮球表演（虎溪对康乐），午演足球表演（文法对理新），女子篮球表演（伏虎对望峨）。三时半给奖。

优胜纪录：男子高级组（大学）：十六镑铜球，第一名罗服膺、第二名徐铮、第三名胡元水。铁饼，第一名傅立权、第二名王尚仁、第三名罗服膺。跳远，第一名汤其逊、第二名王钻福、第三名汪宗鲁。三级跳远，第一名汤其逊、第二名罗宗斌、第三名祁登文。跳高，第一名崔樾普、第二名冯溉华、第三名傅立权。撑杆跳高，第一名王钻福、第二名崔樾普。百公尺，第一名陈光镇、第二名崔樾普。二百公尺，第一名陈光镇、第二名庄之权、第三名沈志超。四百公尺，第一名罗祥麟、第二名陈光镇、第三名高树芳。八百公尺，第一名罗祥麟、第二名毛维初、第三名罗宗斌。一千五百公尺，第一名向云昇、第二名罗祥麟、第三名毛维初。五千公尺，第一名白云昇、第二名陈铭、第三名汤其逊。四百公尺接力，第一名新生院、第二名法学院、第三名理学院。一千六百公尺接力，第一名法学院、第二名新生院。女子高级组（大学）：八镑铜球，第一名张元秀、第二名罗令、第三名石同高。铁饼，第一名彭精信、第二名张元秀、第三名罗令娴。垒球掷远，第一名彭精信、第二名张植森、第三名曾智贤。跳高，第一名李秀春、第二名王颂椒、第三名彭精信。跳远，第一名彭秀春、第二名彭精信、第三名宋婉贞。五十公尺，第一名李秀春、第二名郭英、第三名肖玉容。百公尺，第一名李秀春、第二名曾智贤、第三名张化琛。二百公尺，第一名曾智贤、第二名罗玉芳、第三名肖玉荣。二百公尺接力，第一名新生院、第二名文学院、第三名法学院。四百公尺接力，第一名新生院、第二名法学院、第三名理学院。

川大校庆

1939 年 11 月 9 日是四川大学成立八周年纪念，在峨山临时校址举行空前庆祝大会。四川大学成立八周年纪念日正值湘南大捷，全民抗战有着最大转机的时候，举行大会，较去年武汉失守后举行纪念时的黯然情绪，真是不可同日而语！而且在川大的本身，正有着极大的新的变动，在此时此地，真是别是一番心情，别有一种意义！

首先，自从抗战以来，国立大学中没有受到损失的，川大是仅有的一个。

其次，在目前敌人的飞机到处轰炸，全国几无一片清静土地，我们学校竟能迁居峨眉，既可逃避无谓的牺牲，又得享受天下闻名的峨山胜景。

最后，敌人的侵略，使我们好多不同省籍、不同学校的青年自然汇聚一堂，亲切团结起来成了兄弟姐妹，大家只有一个共同的决心、共同的信念——抗战杀敌，收复失地！

基于如上所述，本校同学在唤醒鼓舞的情绪下决定举行一个热烈的纪念会。

1939 年 11 月 9 日，似乎觉得天上微有雨意，要是真是如此，不免使我们的纪念会因之减色。然而天空毕竟知趣，早饭后，不但雨收云散，而且反透出一轮和暖的日光来，令人久闷的心情，觉得格外清爽！此时全校同学俱在纷忙中奔来奔去，尤其是筹备组周声明同学与邱家珍同学满头大汗。醒目的新奇标语漫画琳琅满目，美不胜收的壁报精彩照人，此正代表川大蓬勃向上生长的精神，象征川大未来光明的希望。虽然今日的川大是在流离中过着困苦的生活，但我们正要在困苦中去发扬川大的精神，在艰辛中去创造川大的新生命，所以今日物质上的痛苦，终掩不住我们精神上的欣慰，何况名山胜景，在大自然的怀抱中正有不少的快乐供我们欣赏呢！不过我们却不能一刻忘掉我们当前的国难呵！

九点钟的时候，在大雄殿下新布置的会场里举行了庄严肃穆的纪念仪式，除本校教职员先生与同学参加外，毕业同学与来宾亦不少。一片掌声中程校长开始了他精彩的讲话，过去历史的叙述、未来开展的计划、现实生活中川大师生应如何走的路途，无不详加说明，在到会的每一个人的心上都起了极大的反响，使每一个人认清川大前途是光明的，光明的途径只在慢慢去开发。随后向仙乔院长以诙谐的语调，精到的见解，讲述他对川大的感想和希望。以向先生在川大经历的悠久历史（三大合并，川大成立，向先生即担任本校文学院院长），眼看川大的成长，经过"九·一八""一二·八""七七事变"后到现在遭受的国难，自然不胜感慨，有不能已于言者！

张惠昌、邓明聪两位代表毕业同学致辞，情长意远，令人感激！

最令人兴奋的是各地同学纷纷寄来的贺电与祝词，他们虽离开了母校，但对母校是何等的关切！我们在校的同学要不辜负他们的希望，应该振作起来，使川大实际担负起抗战建国的责任，奠定建设内地文化，提倡学术的基本重心。

十一点会议仪式结束后，庚即是全校师生与毕业同学来宾的联合大会餐，这表示团结的精神，破川大历来未有的记录！

九月的午后骄阳，格外令人感到和暖可亲，还不到两点，会场已人满。在胡信琳女士一篇详细报告后，游艺会是正式揭幕了！恰巧这时峨眉女师也在军乐声中整队到临，川大对来宾是素来欢迎的，掌声雷一般的响起！

游艺会中的表演，不仅是川大师生参加，来宾加入者亦复不少，如万小姐的《流亡曲》、刘兰小姐的女高音独唱，俱极受欢迎。游艺节目真是美不胜收：评剧、川剧、话剧、声乐、器乐……令人如入山阴道上，应接不暇。老实讲一句，都是好的，不过此地为篇幅所限，只能略举两三项谈一谈。

照记者的意见，游艺会中至少有三个节目是最精彩的：一个是陈国瑞、王荫民、许光锐三同学合唱的评剧《托兆》；一个是孔春荣、许润元同学的双簧《活捉东洋人》；一个是熊光璧、葛婉华、郗公祚、邓显瑞同学演出的话剧《□□戏》。

陈国瑞、王荫民、许光锐三同学对评剧曾下过深刻研究的功夫，而且有一副好嗓子，使他们在评剧造诣上能得天独厚。可惜在峨眉这一个偏僻地方，借不到衣服彩串，致使我们有听福而无眼福！

孔春荣同学是一个著名的滑稽大家，他的艺术天才，实在罕见，此方他学卓别林走路跳舞，无不学得毕真毕肖。他同许润元同学合演《活捉东洋人》的日本兵，虽属临时拉凑，而已使我们由滑稽欢笑中深深感到被侵略的痛苦！这一幕滑稽剧是许润元同学自己编的，许同学在转入本校前在浙东参加游击工作很久，曾被俘虏一次，故内容所取材料，全属实际经验。许同学的戏剧天才在前一次双十节纪念会中，他的独角戏已足使我们全校的同学认识了！

话剧《□□戏》是此次游艺会中的主干，在观众渴望五六小时后才在暮色笼罩中出现。不幸此时天上下着微雨，山高风大，峭寒袭人，颇令人不耐！而且本剧剧情颇乏向上意识，较之双十节演出之《软体动物》，稍有逊色。但以演员技术而论，熊光璧小姐是全校知名的名角，态度活泼，表情自然，使本剧实为之生色！葛婉华小姐与郗公祚同学虽在川大还是第一次在舞台上见面，但已佩服他们能体贴剧中人物的处境与本身戏剧天才的优异。邓显瑞同学已是二次与本校同学在舞台见面，但记者颇觉他今不如昔。

老实说一句，今日的游艺会实超出一般预期的收获，从节目中可使我们看到大学究竟是无所不包，人才也无所不有！微雨声中，夜寒尤重，游艺结束会后已近深夜十点，每一个同学与来宾俱怀着一颗欢乐的心离开了会场，深夜无眠，定尚在津津回味罢！

热烈的情绪中，川大是一次一次的跟进了！

峨眉校友会成立

1941 年四川大学峨眉籍毕业同学李光季、谭照临、朱大文等发起成立峨眉县毕业同学分会，立志于对峨眉地方文化事业，不遗余力，做出贡献，所有峨眉同学，自应团结一致，以资协助。1940 年 1 月 12 日，召集峨眉籍川大毕业同学，借用峨眉县绥山公园事务所，成立川大毕业同学峨眉分会。邀请母校程校长、傅总务长、向院长、曾院长、张院长，毕业同学会理事张惠昌、邓明聪两君及峨眉县沈县长、峨眉县党务执行委员会黄书记长莅临指导一切，毕业同学到者七人，由夏代年同学主席，议定：分会简章；会址为绥山公园事务所；李光季、谭照临、朱大文三同学任常务理事，彭文英、陆兆钺、王鹏俊三同学任监事，夏代年、伍柳村、周怀义、刘君泽、刘君照五同学为候补理事，尹克宽、尹克慎、杨钟三同学为候补监事。

峨眉川大毕业同学名单①

序号	姓名	性别	年龄	别号	籍贯	毕业时间及系别	简历
1	刘君泽	男	三五	翰屏	峨眉	第二届中文系	曾任中小学教职员
2	彭文英	男	三五	哲生	峨眉	第一届法律系	曾任中级学校教职员及小学校长
3	尹克宽	男	三二	宏度	峨眉	第三届物理系	曾任教职员及区长等职
4	夏代年	男	三二	启章	峨眉	第六届经济系	现服务财政部所得税乐山区分处
5	杨福钟	男	三二	雪痕	峨眉	第三届政治系	现任中国合作协会川康视察员
6	朱大文	男	三二	淑华	峨眉	第四届政治系	曾任区长秘书、教职员
7	李光季	男	三一	圃愚	峨眉	第一届史学系	曾任中级学校教职员、校长
8	尹克慎	男	三一	卓吾	峨眉	第五届政治系	曾任会计主任暨农村合作指导员
9	刘君照	男	三一	察周	峨眉	第三届教育系	现任峨边教育视察员
10	陆兆钺	男	二九	秉虔	成都	第七届中文系	曾任教厅科员、彭县督学现，任县督学

① 《国立四川大学校刊》，1940 年第 8 卷第 4 期。

续表

序号	姓名	性别	年龄	别号	籍贯	毕业时间及系别	简历
11	谭照临	男	二九		峨眉	第七届中文系	曾任中学教员、小学校长
12	伍柳村	男	二八		峨眉	第六届法律系	峨眉县兵役协会委员现任母校助教
13	周怀义	女	二八		成都	第四届经济系	
14	王鹏俊	男	二五		成都	第六届中文系	曾任中学教员、□收主任

国立四川大学留峨毕业同学一览①

序号	姓名	籍贯	性别	年龄	届别	系别	现任工作	现在通讯处
1	古基祥	四川江津	男	二六	第九届	经济系	母校校长办公室助理	峨眉伏虎寺川大
2	朱荣新	四川巴县	男	二七	第七届	中文系	母校总务处助理	峨眉报国寺川大教职员宿舍
3	刘克修	四川威远	女	二四	第十届	教育系	母校文书组员	峨眉报国寺川大教职员宿舍
4	徐光谟	四川渠县	男	三〇	第八届	化学系	母校总务处组员	峨眉伏虎寺川大
5	邓□聪	四川富顺	男	二八	第六届	数学系	母校讲师兼出版组组员	峨眉报国寺
6	邵泽民	江苏萧县	男	二八	第八届	中文系	母校出版组组员	峨眉报国寺
7	毛世材	四川高县	男	三二	第二届	政治系	母校图书馆组员	峨眉万行庄川大理学院
8	黄锡龄	四川长寿	男	二六	第十届	教育系	母校训导处助理员	峨眉伏虎寺川大
9	郑异材	四川叙永	男	二八	第九届	中文系	母校文学院院长室助理	峨眉伏虎寺川大
10	胡芳屏	四川成都	男	二九	第六届	中文系	母校中文系专任讲师	峨眉伏虎寺川大

---

① 《国立四川大学校刊》，1940 年第 8 卷第 4 期。

序号	姓名	籍贯	性别	年龄	届别	系别	现任工作	现在通讯处
11	屈爱艮	四川华阳	男	二九	第九届	中文系	母校中国文学系助教	峨眉伏虎寺川大
12	刘芃如	四川成都	男	二三	第十届	外文系	母校中国文学系助教	峨眉报国寺侧三家村
13	黄绍鑫	西康	男	二六	第十届	外文系	母校外国文学系助教	峨眉报国寺
14	毛玉柱	四川彭田	男	二六	第九届	史学系	母校史地学系助教	峨眉报国寺川大教职员宿舍
15	张增杰	福建南平	男	二七	第九届	教育系	母校教育系助教	峨眉报国寺川大教职员宿舍
16	吴治	安徽桐城	男	二五	第九届	法律系	母校法律系助教	峨眉伏虎寺川大
17	林诚毅	湖北鄂城	男	二六	第十届	法律系	母校法律系助教	峨眉报国寺川大教职员宿舍
18	陈启乾	四川永川	男	二六	第九届	政治系	母校政治系助教	峨眉报国寺川大教职员宿舍
19	胡信琳	四川荣昌	女	二六	第九届	政治系	母校经济系助教	峨眉报国寺川大教职员宿舍
20	潘启元	安徽芜湖	男	二五	第十届	经济系	母校经济系助教	峨眉报国寺川大教职员宿舍
21	蔡彰淑	四川资中	女	三〇	第八届	教育系	母校师范学院附小主任	峨眉川大附小
22	沈超	湖南湘潭	男	二六	第九届	教育系	母校师范学院助教	峨眉报国寺川大教职员宿舍
23	黄绪潜	安徽潜山	男	二六	第十届	教育系	母校助教	峨眉报国寺川大教职员宿舍
24	黄孝诚	四川	男	二八	第七届	化学系	母校化学系助教	峨眉报国寺川大理学院
25	李树行	四川富顺	女	二三	第九届	化学系	母校化学系助教	峨眉万行庄川大理学院
26	黄人道	四川江安	女	二四	第九届	化学系	母校化学系助教	峨眉万行庄川大理学院

序号	姓名	籍贯	性别	年龄	届别	系别	现任工作	现在通讯处
27	周彦文	四川金堂	男	二八	第八届	化学系	母校化学系助教	峨眉保宁寺川大理学院
28	周绪芬	四川永川	女	二一	第十届	化学系	母校化学系助教	峨眉万行庄川大理学院
29	杨望宝	江苏无锡	男	二六	第十届	化学系	母校化学系助教	峨眉鞠槽川大新生院
30	李幼绂	四川安岳	男	二七	第十届	化学系	母校化学系助教	峨眉保宁寺川大理学院
31	曾懋修	四川安顺	男	二八	第八届	生物系	母校生物系助教	峨眉保宁寺川大理学院
32	谭兴立	四川广安	女	二六	第八届	生物系	母校生物系助教	峨眉万行庄川大理学院
33	张剑虹	四川内江	女	二七	第九届	生物系	母校生物系助教	峨眉万行庄川大理学院
34	江留美	湖北汉阳	女	二九	第九届	生物系	母校生物系助教	峨眉万行庄川大理学院
35	吴太冈	四川永川	男	二九	第六届	物理系	母校物理专任讲师	峨眉保宁寺川大理学院
36	粟瑶生	四川彭山	男	二五	第八届	物理系	母校物理系助教	峨眉保宁寺川大理学院
37	周□	云南昭通	男	二二	第十届	物理系	母校物理系助教	峨眉保宁寺川大理学院
38	朱福祖	安徽省	男	二六	第九届	数学系	母校数学系助教	峨眉保宁寺川大理学院
39	唐良桐	湖北沔阳	女	二五	第十届	数学系	母校数学系助教	峨眉万行庄川大理学院
40	雷国厚	四川宜宾	男	二六	第十届	数学系	母校数学系助教	峨眉保宁寺川大理学院
41	刘治均	甘肃皋兰	男	二五	第十届	中文系	母校图书馆馆员	峨眉鞠槽川大新生院
42	李允瑛	四川安岳	男	二二	第十届	园艺系	四川农改所林业试验场技士	峨眉林场侧李宅

序号	姓名	籍贯	性别	年龄	届别	系别	现任工作	现在通讯处
43	王国瑞	四川合江	男	二六	第八届	农艺系	四川农改所林业试验场峨眉工作站站长	峨眉报国寺红珠山林场
44	刘绍基	四川合江	男	三一	第六届	政治系	母校物理系助教	峨眉保宁寺川大理学院
45	刘君泽	四川峨眉	男	三六	第二届	中文系	峨眉燕□乡中心小学校校长	峨眉燕□乡中心校
46	尹克宽	四川峨眉	男	三三	第三届	物理系	峨眉县财务委员会主任委员	峨眉县财务会
47	彭文英	四川峨眉	男	三六	第一届	法律系	峨眉县太和乡中心学校校长	峨眉太和乡中心学校
48	李光季	四川峨眉	男	三二	第一届	史学系	峨眉县政府财政科长	峨眉县政府
49	金行淑	四川峨眉	女	三〇	第十届	教育系	峨眉县立初级中学教员	峨眉太平场
50	谭照临	四川峨眉	男	三〇	第七届	中文系	峨眉县立初级中学校长	峨眉南街
51	周怀义	四川华阳	女		第四届	经济系	家居	峨眉水西门外夏村
52	朱大文	四川峨眉	男		第四届	政治系	家居	峨眉万寿宫巷十一号
53	何其恺	浙杭县	男	二八	第十届	教育系	母校附小教员	峨眉报国寺
54	陈叔年	四川永川	男	二八	第七届	教育系	母校教育系助教	峨眉伏虎寺
55	曹承钧	四川忠县	男	二九	第六届	外文系	母校新生院主任室助理	峨眉鞠槽
56	李家英	四川	女			英文系	峨眉女子简师校长	

峨眉籍川大同学服务调查表①

姓名	别号	性别	年龄	籍贯	现任职务
宋洪奎	星桥	男	三五	峨眉	峨眉县府第三科长
李光季	囿愚	同	三二	同	蓬溪县中学校长
童维才	硕夫	同	三五	同	中学校教职员
尹克宽	宏度	同	三二	同	西康省区长
尹克慎		同	三零	同	征收局主任
刘君泽	翰屏	同	三七	同	中学校教职员
刘君照		同	三四	同	峨边县视导主任
朱大文	淑华	同	三二	同	现任成都服务
杨福钟		同	三三	同	现在重庆服务
杨先春		同	三四	同	现任峨眉县第三区视导员
谭照临		同	三零	同	现在成都保中学校教员
伍柳村		同	三零	同	峨眉兵役监察委员
韩承钧	太华	同	三七	忠县	现任峨眉县第一区长
陈永桐	樨扉	女	三一	宜宾	现任峨县女师校长

抗战三周年纪念日毕业同学总会在峨举行年会

本大学毕业同学总会，于 1940 年 7 月 7 日，在峨眉山报国寺举行九届年会，讨论会务，并改选理监事。计到新旧会员何启智、蔡建民、吴天墀、郑巽材、张惠昌、解子宜等七十余人，由邓明聪同学主持，致开会词。略谓：今天为抗战三周年纪念日，本会于此名山举行九届年会，从容讨论会务，却是一件可贵的事体。我们安居在学府的同人，应于此日，感念前方坚苦抗战的将士……大家更应坚强抗战到底的决心，拥护政府国策，争取最后胜利。回溯本会自去年六月十五日，在蓉举行年会后，即随母校播迁来峨，依照八届年会议决各案，分别缓急计划进行，惟负责会务

---

① 《国立四川大学校刊》，1939 年 10 月 1 日，第 5 页。

同人，自愧才庸，多未达到各同学的期望。今日举行年会目的，简单言之，约有数点：（一）检讨过去工作。总会自移峨办公，深感从前工作不够理想，各地同学缺乏联系，不无少数人离校以后，对身受陶镕母校，观念薄弱，缺乏扶助母校向上精神。影响所及同学及母校在社会地位及事业……总会为适应目前急需，特加紧成立分会。一年以来，西康、云南、贵州、四川各省，相继成立分会，共四十余所。去年母校八周年诞辰，学会特请学校当局举行盛典，以隆庆祝，并由母校向各地同学征文，印行纪念专刊，促进各地同学，发皇川大精神。又于今年六月二十七日，九届毕业同学举行典礼时，发起返校节，欢迎各地同学回校会聚，期□学理与事实沟通之益。其余关于日常会务及利用校刊，联络各地同学情况，办理通讯等，兹不细举。（二）欢迎新会员入会。希望各新同学与历届毕业同学，携手合作，共同努力会务进展。（三）改选理监事。遵照本会去年修正简章规定，理监事任期为一年，应于每年八月十五日举行年会时，重新改选。本年因毕业同学于参加典礼及返校节后，已多数离校，兹为便利新会员入会及参加人数众多起见，特临时举行理监事会议，决定提前于今日举行。以后拟于每年举行返校节日，同时举行学会年会，俾各地同学均得参加会议。最后，谨祝本届年会成绩圆满，并望与会同学尽量发表意见，共谋会务进行。词毕，由张惠昌同学介绍新旧会员，并致欢迎新会员入会词。希望新会员热烈参加本会，以学术研究发展本会所负社会文化使命，以感情联系健全本会组织，以每位会员精神充实本会整个的精神。后由蒋立峰同学致答词，由樊锡芳、徐治安二位同学分别报告会务及财务情形。讨论提案数起，旋即改选理监事，并举行茶点。散会。

兹将新任理监事名单转志于此：

理事：樊锡芳、张惠昌、邓明聪、李仲卿、张增杰、邵泽民、邓明、池文华、解子宜、李寿泉、吴江大

候补理事：粟瑶生、张宇高、蔡彰淑、刘光大

监事：林兆信、徐光模、蒋立峰、徐治安、庄同乐、陈卅贤、吴治、张廷襄、陶宏济

候补监事：曹培亨、吴太冈、刘佐相、伍柳村

张腾辉同学热心慈幼事业

第六届中文系毕业同学张腾辉女士，现掌五通桥盐务总局所属慈幼院。张同学在校时学业优良，考绩每列前茅，赋性严正，态度慈祥，毕业后曾赴川西边地考察，有意从事实业，后应监务总局之邀请，始长该局，经办慈幼院。该院有学童数百人，多数为附近贫寒儿童与难童，一切供养，全由院内供养。该院组织教务管理，均称完善，甚得该地人士之称赞，院内学童于课外并学制藤器及竹工等，以期养成生产技能云。

八年来的川大毕业同学

岁月不居，时节如流。母校成立忽八周年矣！在此八年的时光，母校一天天地进步，毕业同学便一批批地入世。所谓地处西陲，文化落后的四川，在未成为复兴民族根据地的时候，已负了很重大的教育责任。自抗战发生以来，母校随着建国的需要，力求充实与发展。不但居了西南文化最高的地位，而且成为全国唯一完整的大学，因之毕业同学的服务范围，也不限于四川或后方，凡国家政权能够到达的地方，夫同学可能深入的区域，无不抱着大无畏的精神，为国效力。如七届毕业的李增煌同学等便在中条山直接杀敌，同届毕业的黄维贤、黄锦星二位同学亦在江西的最前线服务。

今年是母校最发达的时期，为程校长接长母校将近一周年的成绩，毕业同学为追怀母校的陶冶，庆祝母校的发皇光大，特订于十一月九日母校成立八周年纪念节。各地同学就其工作所在地举行聚餐，以为团结精神，乐道反本之意。近日各方函电纷驰，不但报告是日有热烈的聚餐，并且贺电祝词如雪片飞来，均对母校前途敬致无限颂溢。同时母校师友以学校迁移峨眉，名山胜境，更适宜于学术的研究，中央期望至殷，地方关怀至切，亦订是日扩大举行纪念。故这几日来，虎溪禅林间，充满了发皇气象，加上秋阳灿烂，秋雪绮丽，于是峨山的绿树青松，更衬得风雅有趣，凡生活其间，凡寓意其间者，无不感觉异样的幸福与光荣。这种蓬蓬勃勃的生气，活活泼泼的境况，象征着我们川大无止进展，永远的光明！毕业同学为学校精神之一部分，虽不能享受母校现在与将来的良好教育，亦愿就其所学随母校的发展，努力推动各种社会事业。不敏于此特地报告八年来毕业同学的概况，盖亦借此盛典，检讨过去，策励将来，以求母校师友之教益，社会人士之认识也。

　　母校系民国二十年秋合并前成都大学、前师范大学及前公立四川大学、中国文学院、外国文学院、法政学院而成立的。故其设校迄今，方满八年，而其毕业同学则有八届，总其人数近两千。计中国文学系历届毕业同学三百三十三人，外国文学系一百一十一人，历史学系一百六十四人，教育学系一百一十五人，数学系八十八人，物理学系八十一人，化学系一百一十三人，生物学系五十七人，法律学系一百一十六人，政治学系一百六十五人，经济学系一百一十九人，农艺学系四十四人，森林学系一十一人，园艺学系一十五人，病虫害学系六人，及中国文学专门部二百一十八人，外国语专门部四十一人，艺术专修科四十四人，体育专修科五十六人。吾人今日动云四川地广人众，物产丰富，为复兴民族根据地，总裁且极称赞四川地灵人杰。古之大禹，出生于岷江流域，而母校即为吾川智识之泉源，文化之先河，我毕业同学为社会之中坚，民智之启迪也。假使母校未能把握时代进化，充实图书设备，延请名师宿儒，发皇大学教育；而我毕业同学复不谙国家艰危，民族处境，抱着大无畏精神，努力推进社会事业，提高文化水准，奠定各种政治基础。则今日即以地利形势，可为抗战建国之基地，亦恐人力财力不足以负之也。至若保存国粹，恢复民族固有文化，则母校毕业同学中，中国文学系三百三十三人为各系之冠，占全体毕业人数六分之一，其积学之深，能力之强，不但以之保存国粹，且益发皇增辉矣！

　　过去吾川政治失轨，连年内战，兵匪交争，学校宿舍，都成战区，国家的法纪荡然，社会的舆论失其准的。我毕业同学服务其间，既无良好的用人制度，复无公正的考绩标准，全凭自己的能力，本着总理服务的指示，不分位置高低，不计报酬多寡，参加各种工作，其中所遇艰难困苦，饱尝苦辣辛酸。如果我们尚能忆及当时川局的险恶，便可以想象他们的生活了！漫云有所建白，即自立不坠亦非易事。乃我毕业同学认清时代环境，以为欲挽颓风非从教育入手不可，故百分之七十均参加教育界服务，次之以军政，次之以工商实业。无论区域的大小，文化交通的发展与否，四川一百四十余县，无不有我川大同学服务其间，及今吾川中等教育相当发达，数百中学中，几无一无川大同学任教者。月前与某君谈及此事，某君曾云四川教育界如吾川大同学罢教一日，则全川学校不知所缺功课若干也。此虽为一戏语，然可以推断川大同学在四川教育之影响也。顾以四川情形复杂，我毕业同学埋头苦干，努力当前工作不暇，少有团结精神，以从事于互助互利的努力，致个体服务能力虽强，而团体成绩不著，此则我川大毕业同学所应深切注意而亟与校内外先后师友共同努力者也！

名家讲演
以飨学子

川大八周年纪念感言[①]

本年（1939年）十一月九日，为国立四川大学第八周年纪念日，而此时正值国难方殷，敌机肆扰，川大因避免空袭，曾于两月前迁来峨山。惟今年庆祝典礼，虽仍照常举行，而处境与情绪，实与历年有别。盖全体同学，此日虽环境清幽，隔绝尘器之名山，同申庆祝，而同时国家民族正处于危涛震撼之中，此不禁使人发生"一则以喜，一则以惧"之感！川大为政府创设之西南最高学府，在"万众欢腾"同声庆祝母校第八周年之今日，更当念及国家民族现在正遭此历史上空前未有之劫运，今后尤当潜心学业，刻苦自励，俾近之能树立纯正厚朴努力向学之新学风，远之可以"道济天下之溺"。所谓新学风之要旨，不外三端：

（一）养成处乱世的人才。溯自川大迁移峨眉后，学生中不免有不惯乡间简朴生活者，偶以饮食起居之不善，因而影响精神身心之不安，此种享乐思想，今后应痛下决心，严加革除。盖处国难当前之今日，正是吾人接受古人所谓"劳其筋骨，饿其体肤，空乏其身，行拂乱其所为"之遗教时候。不特此也，举凡浮器、颓废、萎靡、怠堕及浪漫之恶习，亦当加扫除。夫然后方能养成吃苦耐劳、勤慎向学、整齐、严肃、清洁及简朴处乱世的人才。

（二）提倡研究学术的空气。世界各国大学之任务，有偏于研究高深学术者，有偏于培养专门人才者，我国现制大学之任务，则殆为研究高深学术与陶铸专业人才双方并重之机关。凡以高深学术之探求，与专门人才

---

① 凌均吉：《川大八周年纪念感言》，《国立四川大学校刊》，1939年11月11日，第4页。

之训练，一者实有极密切之关系。盖研究高深学术，固不必斤斤于实际之应用，但所谓专门人才，却不可不具备高深学术之素养。川大为西南最高学府，而校中同学，又多为各省聪秀颖异之英才，若能利用风景清幽之名山，努力于高深学术之探求，将来不止研究学术之空气得以提倡，而同学之学业前途，亦因以竿头日进矣。

（三）抱定民胞物与之态度。自九一八抗战以来，前方沦陷敌手，各省战区青年，多有来川大肄业者。惟年来新旧同学之间，偶因语言习惯之不同，或以态度起居之差异，致新旧之间，有时不免发生稍许之隔膜与歧视，此种误会，同学间似应尽量扫除。实则同为黄帝子孙，彼此地位均无优劣之别。反之各省青年，皆各有其特长，若能人人抱定民胞物与之的宽大胸襟，彼此接受其长而弃其短，群策群力，共向团结合作之途迈进，则国家力量，赖以集合；民族意志，因以凝固矣。

古代大学教育宗旨与现代大学同学责任①

昔桓太守树木十年，归而有感，至于盘桓不忍去，况余深受母校栽成。值兹八周年纪念之辰，缅怀师长陶铸，并追念同学策励，其感想当为何如？爰濡笔记述《古代大学教育宗旨与现代大学同学责任》一文以志此日间之所感，权当蒭荛之献，用申祝贺之忱。

古代大学教育宗旨，见诸典籍者不多，记载比较详明，并资考证者，有《礼记·大学》一篇，及普通四书里之《大学》。本书作者姓氏，有谓为孔子手笔，有谓为孔子门人记述，曾费多数学者细心考究，尚无明确之证实，惟可断定为秦汉以前作品，并且出于儒家者流之手，所以吾人可从《大学》而推知古代大学教育宗旨。《大学》开篇曰："大学之道，在明明德，在亲民，在止于至善。"又引申前意曰："古之欲平治天下者，必先治其国；欲治其国者，必先齐其家；欲齐其家者，必先修其身；欲修其身者，必先正其心；欲正其心者，必先诚其意；欲诚其意者，必先致其知；

---

① 邓明聪：《古代大学教育宗旨与现代大学同学责任》，《国立四川大学校刊》，1939年11月11日，第8—9页。

致知在格物。"朱晦庵根据此意，倡言《大学》有三纲领八条目之说。所论三纲领：（一）明德；（二）亲民；（三）止于至善。所谓八条目：平天下、治国、齐家、修身、正心、诚意、致知、格物。余对朱氏所谓三纲极为同意其，但"格物"似不应立一条目。细玩原书文气，并考取原书句法，可知格物不能同平天下七条目并列，自致知在格物之"在"字着眼，可知晦庵分法，尚有未当。故主张只有七条目，倘续读下文，"自天子以至于庶人，一是皆以修身为本"一句，又知七条目，以修身为中心，原书修身以下，正心诚意致知，为一人事，指身内之事，修身以上，平天下、治国、齐家为一人以上事，指身外之事，倘内外修养，皆能心领神会，则非格物不为功，故《大学》除三纲领外，只有七条目，格物是达三纲领七条目之基本工作。

"格物"之格字释义，自汉朝迄于清季，有七十余家单独之解释，诚所谓"聚讼纷纭，莫衷一是"也，惟二程以格物解为穷理，甚为稳妥。其实"格"是分析，"物"是对象，"格物"是分析对象，能分析对象，即可发现真理。吾人由是明了古代大学教育宗旨，与现代大学宗旨，诸多照合。今四川天府之区，据长江上游，为民族复兴根据地，川大西南最高学府，近年人才辈出，蔚为国桢。以大学所谓，吾人甚望母校同学，须从修身做到内面正心、诚意、致知，外面做到齐家治国平天下，但此基本工作，要能分析和明了对象。现母校同学所研究对象，所准备之工具，吾人处兹抗战建国严重关头，大学同学尤须分析对象，与明了所居之地位及所负之责任，而为应有之努力。谨将本人愚衷所及，以供母校同学拣择。

国际教育家谓：吾国受高等教育同学，自发研究工作太少，教授注入工作过多，每一大学致无出色一二高深学术，影响所及，学术无由进步，文化无由发皇！兹当母校之庆节，吾人极望母校同学，自动研究学术，提高川大学术地位。大学教育，负有阐发学术，推进文化之使命，大学同学，为负此使命之基本队员，倘不克博学笃行，潜心研究，则不能专精一艺，触类旁通，故学必先之以博，而后由博反约，斐然有成，庶于学术上有所贡献也。

坐言起行，古有明训，吾人不惟求学问之宏博已也，尤须本其所学，致力实行。彼徒托空言，纸上谈兵者，姑不具论。若做事就业，无坚忍不拔之意志，刚毅果敢之精神，或则浅尝辄止，或则畏难苟安，或则中道而废，或则功亏一篑，劳而寡功，无济于事，至若反其所学，自绝于道，则非敢望于母校同学者。然好学近乎知，力行近乎仁，仁且知，乃足以明耻立信，体用兼备，虽未止于至善，甚或近于明德亲民之旨。母校同学，果能修乃知能，淬乃心志，躬行实践，卓然有所树立，斯符国家蔚才之旨，况国家多难，正吾人努力之时，外地凭凌，尤志士辛勤之候。在此名山学府，吾党之士，不患无位，患所以立。

为学并不专指书本或课堂上之智识，盖兼指实行，前已言之。古人未有专以文字为学者，孔子亟称颜回好学，而释之曰：不迁怒，不贰过。求其所谓好学者，则曰其心三月不违仁，而仁之目，则曰非礼勿视，非礼勿言，非礼勿动，非礼勿听；又曰贤贤易色，事父母能竭其力，事君能致其身，与朋友交言而有信，虽为未学，吾必谓之学矣。

盖孔子所谓学者，消极则克己不为非，四勿之类也，积极则能齐家治国，事父母能竭其力，事君致其身之类也。自后世以简编文字为学，而口剽耳袭之徒，皆为冒称学者，躬行君子日稀，而学以致用之士亦鲜见矣。故居今日而求学，固不能舍课本文字。然亦不应限于课本文字，母校同学，平日所学者，为致用之工具，而应之于用者，为学之实行，本末表里，皆尽力求之，以传学，慎思，明辨，躬行，实践，转一时风气，宏扬川大精神。

抗战时期中的国民营养问题[①]

主席、各位先生、各位同学：

承王院长盛意，借今天机会，来同诸位讲演，很觉欣幸。我讲的题目是《抗战时期中的国民营养问题》。上次世界大战德国之所以败，并非完全败于协约国之武器，乃败于食粮供给之不足。故欧战之幕初展，德国政府立即命令，规定"计口授粮"，每人每周食面包量不准超过四磅。英国于同年一月八日施行每人每日购肉四两，每周购糖一磅。中立国家，为未

---

① 陈朝玉教授演讲，原载于《国立四川大学校刊》1940年第8卷第13期，第1—5页。

雨绸缪计，推行各种节约食物法规。如意大利于去年九月一日，即禁止出售咖啡；同月三日，规定每周有二日素食。丹麦于去年九月十六日规定制造面粉时须加裸麦；十月九日规定人民购糖，实行"计口授粮"制。此外如瑞典、挪威及比利时各国均有类似的法规。报载敌国皇帝食糙米，观此则知作战期内食粮问题之重要性矣。

战争时食粮缺乏之原因，主要有以下几点：（1）壮丁离农村而赴战场；（2）运输困难；（3）战区扩大；（4）海口封锁，外国食物不能输入；（5）肥料输入减少；（6）农具缺乏。故战时食物价格腾贵，国民摄取量势须减低，因而体力衰弱，死亡率加增。上次欧战之德国，其著例也。据一九一六年欧战时之统计，在十九周内，因食物中缺少维生素，患坏血病而失去战斗力者七千五百人。自一九一六至一九一八年，英国及印度兵士膳食中缺少维生素，发生坏血病者占十万四千人。丹麦为酪农国家，欧战时因鸡蛋与乳油出口过巨，致使儿童患干性眼炎者甚多，嗣后禁止鸡蛋与乳油出口，则患眼疾者大减。上次欧战各国竞相设立专门机关，管理军队及国民之营养问题。英之食粮经济部等，集合国内专家，钻研食物之代替品，并规定国民最少营养素需要量。吾国值此抗战紧要阶段，则对于国人之营养问题，似亦不应忽略。

营养素不足之弊害。摄取营养素量不足时所受影响，今已获得明确之结论。其极端之例证，如食量不足，则生命受胁迫。而在特殊情形下，各种营养素缺乏时均有其特殊之影响，兹分别言之。

1. 热价——热价不足，则身体衰弱，遂引起种种疾病。上次世界大战，德国食粮被协约国封锁，不得已而减食，限止非战斗员之食粮，规定成人一日一千三百至一千五百加路里（相当平时之一半）。结果体力衰弱，结核病及他疾病显然增高，而妊妇之早产或流产，抑或产后死亡与缺乏乳汁分泌者，接踵而至，甚者妇女月经或有闭塞之象。

2. 蛋白质——蛋白质，细胞之主要成分，为构成体内诸机关及组织之重要物质，掌有体力之维持等功效，吾人摄取蛋白质之量不足建筑体组织或修补蛋白质之消费，结果影响健康智力，甚至缩短生命。

3. 维生素——食物内缺少维生素则发育停止，体重减低，且又发生特殊病症，尤以幼年时代为甚。如食物中缺少甲种维生素，则生长迟缓，抵抗疾病力薄弱，眼皮水肿，目光失常，而患干性眼病。如食物中缺少乙种维生素，则神经麻痹，四肢直觉失常，兼成水肿，行动不便，我国俗称之为脚气病。如食物中缺少丙种维生素，则发生坏血病，牙齿肿胀，出血，皮下亦出血，大腿肿胀，稍触即感痛疼。食物内缺少丁种维生素，则生软骨病。缺少庚种维生素，则生癞皮病，或阻碍生长。缺少戊种维生素则患不孕症。

4. 矿物质——矿物质虽不能如有机食物之供给热力，然为维持身体健康，成长及繁殖等所绝对不可缺少者。骨骼中大部分由矿物质所形成，且又为细胞与外间物质交换之所必要。食物中缺少钙磷，则患骨质软化症、手足搐搦症；缺少碘则患甲状腺肿症；缺少铁则患贫血病。

营养素过剩之弊。害营养素不足，固可阻碍健康，短缩生命，然营养素过剩，则对于生理上亦非所宜。盖摄取必要量以上之营养素，发生种种不良结果，最著者如次：

1. 蛋白质在体内氧化分解，其最终产物之排泄，须借肾脏之力，故食蛋白质多则肾脏不免过度负担。

2. 蛋白质分解之中间产物，多为具有毒性之物质。

3. 蛋白质未经消化吸收残留于肠内，助细菌发育而促进肠内腐败分解，其生产物，均为有毒性之物质。

4. 摄取营养素多致有肥胖症，遂使血管发生疾病；且肥胖者工作效率低下，并易起心脏、肾脏等疾病，寿命因而短缩。

5. 摄取食物过巨，则消化液势感不足，致营养素难以消化吸收而排泄，此微特食物本身不经济，且贵重消化液亦因之浪费，其不经济尤甚。

前方将士及战区难民之营养问题。

甲、前方将士。关于前方作战将士之食物配合，应注意次列各点：

1. 富于热力。筋肉动作，特需热力。故作战军队及冲锋杀敌之勇士，应需要热力量。富于热力之食物为脂肪，留在食物中之量不可过多，否则影响消化。

2. 易于消化。如糖类，非但易于消化且供给热力迅速，为作战士兵所不可缺者。

3. 军用饼之制造。军用食物制造之原则，应注重四点：（1）营养上：富于营养素，消化吸收良好。（2）军事上：①食时不经任何加工；②容积小而浓厚，便于携带；③不受温度、湿度、毒气或其他影响而改变形质与风味者；④富于耐久储存□者。（3）嗜好上：适合于一般之嗜好者。（4）经济上：原料丰富，且为后方内之产品制成可能的经济食物。

4. 营养缺乏病之预防法。日俄之战，俄国军队病死者为 0.8%，而战死者仅 1.8%，病死之原因虽多，然营养缺乏病为最要，尤以甲、乙、丙及丁四种维生素之缺乏病为甚。考前线作战士兵恒乏新鲜蔬菜或水果，故维生素势感不足，缺乏病恐所难免。预防之法，即以咸胡萝卜供给甲种维生素，以豆芽供给丙种维生素，以糙米黑面辅助乙种维生素，如此颇适合吾前线将士之给养实况和饮食物之习惯，且营养缺乏病亦可预防矣。

5. 空军将士食物。空军将士食物之配合，应注意恢复疲劳。属于斯者则为：（1）生理的疲劳，如：①气压急变；②气温骤低；③风速加大。（2）刺激的疲劳，如：①音响震动；②精神紧张，维持体力。因长距离飞行，或长时间滞留空中故也。观此前之空军将士食物，应富于各种营养素，尤其是动物性蛋白质及维生素为然。有时因机械发生故障，被迫降落于山林或沙漠，亦为势所不免，故空军飞机上准备之食物，应为体积小而富于热价者为宜。

乙、战区难民之营养问题。战区愈扩大，则作物产量愈减少，战区民众之食物愈感不足，故战区难民营养问题，应首先确定者。（1）营养素最小需要量。盖食物补充不易，势必减低至最少限度，易言之，摄取食物量，仅能维持生命是也。（2）救饥食物之利用。设正常食物产量既减低而输入食物又感困难，则须采食野生植物，惟须先检定其有无毒质和营养分之含量。（3）营养缺乏病之医疗法。营养缺乏病恒流行于战区之民众，上次欧战实例甚多。营养缺乏病主为缺少蛋白质、维生素或热力等，医治之法应加食豆类及花生并多食青菜、豆芽等。（4）孕妇与产妇之营养状况。孕妇与产妇营养之优劣，影响胎儿或乳儿之生长发育，异常重要。战区食物缺乏，则孕妇与产妇之营养自然不良。补救之道，应由慈善团体资助改良饮食物习惯。（5）新生婴儿之哺育法。新生婴儿能直接啜吮母乳固佳，倘以战争后，乳母死去，或以饥寒交迫无力抚养而气绝者，应由政府委托当地慈善机关抚养之。饲育之法，即以豆浆乳汁并加添微量卵黄及豆芽汁或者菜汁等。

后方民众之营养问题。

战争时后方民众之营养问题，异常重要，盖壮丁体质之强弱与其食物之质量有密切之关系，且前线食物之供给，端赖于后方之接济。故上次欧战时，交战国相继设立公众食堂，如一九一七年德国全境有公众食堂二千二百零七所，英国伦敦有二百五十所。其目的乃在统一食物及节约食物之消费，同时保护人民，使食物价格低减，以合理的营养素而能维持健康，增加长期作战力量。

甲、幼年人。后方幼年人之营养问题，应注意次列各点：（1）蛋白质最少需要量。蛋白质细胞之主要成分，且具有构成体筋肉之功用。故幼年人正值生长时，欲使其体质发育健强，则蛋白质一物，断不可忽略。蛋白质市价腾贵，尤其是动物性蛋白质为然，故应先确定幼年人每日需要蛋白质之最小量。（2）热力之需要量。上次欧战，德国规定学生每日食一千二百加路里——仅相当正常者之半数——故禁止学生作激烈运动或长距离散步。（3）营养缺乏病之治疗法。战时因海口封锁，外洋食物不能输入，且国内食物产量逐渐减低，营养缺乏病势所难免。治疗之法，即先调查所缺少营养素之种类，然后添加之。（4）维生素之经济来源。甲种维生素，则以胡萝卜、青菜代乳油，以卵黄代鱼肝油；乙种维生素则以糙米或黑面代酵母；丙种维生素，则以西红柿、红海椒、小红萝卜、豆芽或香菜代橘子、柠檬；丁种维生素，则以日光照射，花生油代鱼肝油或活性苦草固醇，如是则营养功效相埒而节省金钱甚多；矿物质之经济来源，小鱼刺骨或骨灰为构成幼儿骨骼之钙、磷之经济来源。制定保健食粮，以幼儿年龄、体重或性别规定一保持健康食粮，俾便采用。

乙、成年人。后方成年人之营养问题，约有数端：（1）制定标准食粮。就其年龄和职业而制定适合吾国目前抗战时期之标准食粮，使国民有所适从，借免营养过多或不足之弊害。（2）蛋白质与其他营养素之通融性。蛋白质有构成筋肉之任务，然亦可作为热力材料。惟蛋白质市价较贵，故在成人食物内之含量，维持气素之平衡，斯亦足矣。至于工作所需之热力，均有市价低之碳水化〔合〕物或脂肪供给之。（3）孕妇及产妇之营养。孕妇及产妇之食物，影响胎儿或乳儿之发育甚巨。抗战期内，后方食物市价腾贵，势所必然，而贫穷阶级或小康之家遂无力购买营养丰富之食物。应由政府规定鸡蛋、牛奶或其他食物售于孕妇或产妇者，特开予一便宜价格，或由政府资助之。（4）婴儿之哺育方法。生后之婴儿，能吮母乳固佳，否则须以牛乳或羊乳稀薄代替之。乳售于婴儿之价格亦由政府便宜规定之。（5）食物细咽。食物咀嚼愈精细，则消化吸收愈良好，结果所收到营养上之效果亦愈大也。

当此抗战紧急之关头，国人苟欲复兴吾中华，应具有健强之体力和精力。若然，则国民之营养问题，为吾人目前所不宜忍略者也。

关于抗战时期内国民之营养问题，应从速调查者：

1. 农工商等之食物与其健康。

2. 前方作战士兵饮食物供给之状况。

3. 后方预备士兵饮食物配合之状况。

4. 后方伤兵饮食物配合之状况。

5. 后方学生饮食物消费之状况。

6. 迁到后方难民饮食物供给之状况。

7. 食物作用之产量与其贮藏之方法。

8. 调查救饥食物之种类并研究其营养价值。

应从速调整者：

1. 增加豆科作物栽培之面积，减低谷粒作物栽培之面积。

2. 禁止谷粒用作酿造和家畜饲料。

3. 禁止烟草栽植。

4. 禁食白米、白面，应食糙米、黑面。

5. 增加蔬菜栽培，尤其是白菜、菠菜、胡萝卜、西红柿和马铃薯等。

6. 规定各种阶级人民每日应需要之食物量，严禁乱食或过量食。

7. 由政府设立公众食堂。

8. 每周规定无肉日三天。

冯玉祥访校演讲①

1941 年，时值日本侵略者轰炸重庆第二年，冯玉祥因病休假，从战时陪都重庆到灌县、峨眉，游历了青城山、峨眉山。1941 年 3 月 9 日，星期天，冯玉祥将军带着几名随员，从成都经过峨眉县城，驱车一直来到峨眉山麓的报国寺，住在七佛殿的带月山房。方丈果玲热情接待，冯玉祥漫步山门外，眺望山景，挥笔写下第一首诗：

峨眉山（其一）

我到峨眉山，住在报国寺。

先见大和尚，法号果玲氏。

庙在山脚下，游人多必至。

川大迁附近，很能避空袭。

环境宜读书，皇城不如此。

我见程校长，知有四层山。

站在庙门外，只能见三层。

大峨为最高，二峨亦看着。

三峨看不见，四峨为最小。

何人命此名？说者亦渺渺。

有说银峨水，经从山前过。

有说此山形，颇似峨眉秀。

为此常争执，不知孰是非。

冯玉祥对峨眉山森林和自然资源的保护十分关切，反对乱砍滥伐，十分反对把"峨眉天下秀"变"峨眉天下秃"的做法。通过一首小诗将其中道理娓娓道来：

山坡太陡了，把树砍了去。

---

① 原载于《国立四川大学校刊》，1941 年第 10 卷第 3 期。

改作当田地，这样办不行。

因为若无树，雨水便冲洗。

土泥存不住，树木无所寄。

还望有司们，禁止砍树木。

禁止改田地，此事最为急。

冯玉祥在饱览峨眉山景之后，当天夜里卧床不寐，相比峨眉秀色，对国难外患的担忧在其心头萦萦不绝。第二天清晨，冯玉祥一气呵成作诗两首，以抒发其抗日爱国热情。

天落雨

落大雨，路泥泞，

上淋下滑很难行。

很难行，去不成，

去不成，不着急，

心中倒觉很乐意。

因为田间需要雨，

有好雨，谷丰收，

日本鬼子易打走。

情愿不上山，

甘愿不游历，

只望落大雨。

落大雨，民不急，

全国同胞有吃的。

有吃的，有穿的，

铲走鬼子不为难。

当日下午，冯玉祥受四川大学校长程天放邀请，来到伏虎寺校址，向全校 1400 余名师生发表"做大事，不做大官"演讲。他的演讲赢得了师生们如雷掌声。接着，全国文艺界抗敌协会川大分会，激情演出抗战戏曲《大路歌》《放下你的鞭子》《义勇军进行曲》《大刀向鬼子的头上砍去》，川大师生和观演群众群情激昂。冯玉祥演讲词于下：

各位教职员，各位学生：

本人今天承程校长邀请向各位讲演，心里异常愉快！不遇刚才听得程校长关于玉祥个人一段报告，讲了许多的好处，使我很惭愧，只好如程校长所说的，努力去做。玉祥记得与各位在成都皇城见面以后，又隔两年了，今天与诸位相见，首先要报告的，为什么在此时局紧张的时候，还能到峨眉来游山呢？这完全是为我病的缘因，去年我想短期休息一下，后以事情的牵制，没有得着机会。今年一二月来，老是头痛，夜间时常失眠，因此才请一个月的假，到灌县、青城、剑阁等地游历，借以休息。前日游罢灌县，由成都来峨眉，于四月底仍须返重庆。不然，现值抗战最纷忙的时候，汽油又是这样的艰难，一个军人，没有奉到命令，是不敢离开自己的岗位的。今天就将这次出游在路上所得的一点见闻，报告给诸位。

到灌县首先看到的是水利，各位都知道都江堰的水利工程，这是李冰父子对国家民族的贡献，在二千多年前就有这样的水利工程，无论中外人士，皆一致称道他的功绩伟大。国父说："一个人要立志做大事，不要做大官。"李冰父子的官并不大，这件事却太伟大了。二千多年来，远近民众，崇德报功，都跑到李冰庙里去瞻仰他，表示敬意。我在庙里的时候，见着有老百姓携着礼品，在那里致祭，老道说："他们是病好来还愿的。"我说李冰是一位水利专家，怎么能治得病，老道说："因为他过去能造福于人民，所以一般老百姓，不管什么事都跑来求。"看来，感人最深的，不在做大官，而在做大事。我们要抗战建国，实行民生主义，非讲求水利不可。八中全会时，拟建议中央，在灌县设立水利大学，以训练专门人才；在行政院下设水利部，各省设水利厅，各县设水利科，以专司其事。四川的稻田，完全靠天时，所谓靠天吃饭，如果天久不雨，便有旱灾的危险，可惜川流不息，天上降下来的雨水都流走了，若能够储藏利用，则受益无穷。成都平原不致受旱灾的原因，完全是受都江堰的赐予。

在某某县地方，看见修飞机场，动员了十万民工，不分昼夜的工作。我在那里走了一个圈，知道此项工程真是伟大，为全国第一个飞机场，工作的民众，劳苦是劳苦，想着民族的复兴，又是必办的事体。从这个工程看来，消耗的民力真大，当然难免有不了解的批评，我们可用种种的方法，向他们详细解释，使他们明白国家当前的危机，应一致起来为抗战建国而奋斗。最重要的是还需坚持我们抗战必胜的信念，因为抗战至今，我们无论哪一方面都在进步，都在向胜利的康庄大道迈进，但敌人已成强弩之末，愈趋于灭亡之途。我们试把外交方面来分析研究，抗战初期，只是苏联在作有力的援助，英美不过是摇旗呐喊而已，可是最近英美的态度，却随日德意同盟的缔结而转变了，始而英对滇缅路的开放，继而美借与我一万万元的美金，英亦有一千万镑的贷款，这都是英美对我艰苦抗战的援助，而予侵略者以无限的打击。

　　侵略国家之打败仗，我们看历史上，颇不乏先例、当拿破仑远征俄国时，百万雄兵，浩浩荡荡，可谓气焰高涨。及在莫斯科遭袭击后，退返巴黎，老弱残兵不过一千人，遂致一败不振，帝国以倾覆，又诸位看见现在美国富且强，一定很羡慕，要知道这是美国祖先付了很大的代价得来的。当美国独立战争的时候，华盛顿率领民团抗英，装备不如英军、器械不如英军，卒能艰苦奋斗，血战七年，脱离英人羁绊，建立美洲共和国。而当时美国的经济状况，更较我们不如，通货膨胀的结果，物价高昂，生活异常困难，士兵领得一个月的火饷，每每不能得到半饱。美国战史里面，有一位学者曾经这样说过：在饭店里吃一餐饭需用三头牛所拖的钞票。这是何等状况！然而美国终于百折不挠，博得最后胜利，成为世界上康乐的国家。所以我们要咬紧牙关，担负起这个重责，将日本鬼子赶出去，创造富强的新中国。现在有人常说：米太贵了，衣料的价又涨了好几倍。这个事实固然一点不错，请问这是谁造成的？我们的答复是：日本鬼子。非赶走日本鬼子，这问题得不着解决，所以希望大家要将这种抗战哲学树立起来，才会有办法。

　　抗战必胜的证据，如生疮终究是要出头的，但头愈多则愈溃烂难治。法国政出多头，不能统一指挥，结果失败了；日本的内阁和大将，时常都在更换，也是失败的象征。我们抗战发生后现在希望全国同胞，一心一德，抗战到底，胜利是有百分之九十九的把握。

谈到政治问题，汪精卫这群汉奸的走狗，专门在后方造谣，挑拨中央地方官吏，说某某贪污，某某不努力抗战工作，物价如何贵得可怕，粮食如何的成问题，这一些谣言，唯一的方法，就拿抗战哲学来答复他。东西贵你恨便恨日本人，吃不饱只有把日本鬼子赶走，才有办法。至于贪污问题，无论如何进步的国家，不能说绝对没有，亦不能整个归咎于政府。譬如一个妈生的儿子，贤愚也不一样，就是一双手的指拇，长短也不齐，何况政府官吏如此之多，能担保没有一个贪污的吗？目前我们唯一的方法，便是励行新生活，这才是铲除贪污的好方法，诸位试想贪污的来源，是不是由于穷奢极欲和爱好赌博的结果。我们中国，父子可以在一处打麻雀，师生可以在一处打麻雀，上司官属、长官士兵也可在一处打麻雀，这都是违反了新生活的规定。像这样的风气，如不改良，纵能打走日本鬼子，国家也会建立不好的。

有人讲，现在国内的文武官吏，当上级来了，将卫生麻雀收拾起来，大家也口头讲新生活，高呼新生活万岁，蒋委员长走了将新生活抛在九霄云外，又重新将麻雀摆出来，过其花天酒地的生活，四万万五千万同胞的生命财产，几乎就被那吃喝嫖的恶习惯断送了。竭力提倡新生活运动，以纠正此种恶习，挽救国家民族的危亡，希望大家要实行新生活，要将新生活运动普遍到社会上去。

最后胜利是属于我们的，这固然毫无疑义，但我们不能坐在这里老等着。我举一个比喻，如吃饭的时候，饭碗已经摆在我们的面前，这毫无疑问的是属于我们的，但我们坐着不动，大米饭还是不能到口的，所以需要我们出力，饭才能到口，并且必须加上牙齿的咀嚼，才能下咽。故在最后胜利的前夕，各人务必要站在自己的岗位上，拿出自己的能力财力，贡献给政府，在统一指挥之下，共同争取最后的胜利。

演讲过后，冯玉祥在《四川大学》一诗中，生动地总结了这次演讲的内容：

我到川大去演讲，讲到一路的观感。

李冰父子都江堰，救国救民是圣贤。

还有一位父母官，坐过灌县王铁栅。

爱民如子人称道，廉洁美名传万年。

两位都讲做大事，不讲怎样做大官。

又说今日正抗战，应该坚定必胜念。

国际形势甚有利，自己更应加油干。

有力更应出大力，有钱更该出大钱。

大家伙儿一条心，莫要后退只向前。

学生听得很兴奋，我也出了一身汗。

欧战现势①

在这个交通不便利、消息不灵通的地方，来谈正在发展，正在推演的欧战，这未免近于荒唐，太不自量了。但这次欧战的关系确是很大，尤其是对于我们中国正在艰苦抗战中的关系，至少我们中国人为生存计，为前途计，为应付计，是最关切不过的。因此我们又有不能不谈，非谈不可之势。不过因为时空距离的关系，或许我们正在高谈现阶段的事势，而事实已经转到另一阶段去了；或许我们正在研讨一种正常的推论，而事实竟已转到相反方面去了，这些都是可能的，无可避免的。所以，如果我们单去注意荷、比、卢的被侵占，德人使用的新式武器，如像秘密武器、喷火器以及降落部队、闪电战、突袭战，或者飞机六千架、坦克三千辆、飓风飞机，必弄得我们目迷五色，头为之炫目。又或者我们只用一种统计方式去推论，譬如说上次欧战第一次玛伦河之战，德军距巴黎十五里；第二次玛伦河之战，距离为四十四里；最近德军距离巴黎五十五里，比第一次相差若干、比第二次相差若干作为推论根据。甚或我们只去探听军事消息，例如巴黎已经陷落了，德军正在强渡英伦海峡，这些注意都能使我们堕入五里雾中，莫名其妙。我的主要意见就是说，以上所说的一切，都只是欧战

① 何鲁之教授在新闻学会讲演，原载于《国立四川大学校刊》，1940 年第 8 卷第 15 期。

的现象，而非欧战的真相。

要谈欧战真相，我介绍一篇文章，这就是王造时先生所写的《世界为什么闹成这个样子》。在他这篇文章里面，他提出四大矛盾，所称四大矛盾为资本主义与苏联的矛盾、帝国主义与被压迫民族的矛盾及英国在远东与美国在欧洲与法国的矛盾。他抓住这四大矛盾来说，这是最扼要不过了。不过这些矛盾，我们几乎可以这样说，这是永远不会消除的。

我们现在单就已经爆发的欧战来说：这个战争自波兰战争起直到美国副国务卿威尔斯到欧洲的时候，都有消弭的可能。因为希特勒曾经发动若干次和平攻势，而英法亦并不拒绝言和，虽然莱茵方面已经在排演炮战，这只是一种武装示威运动而已。到了挪威之战发生，所谓武装远足旅行，于是战争的形势乃为之一变。直到德军攻入荷、比、卢，所谓欧战才正式开始，所以丘吉尔才说："吾人现已入于历史上空前大战之预备阶段"。

前面所说的和议，何以闹了许久一直不成功呢？这就是希特勒一方发动和平攻势，一方又在使用恐吓方式，这或者是受了墨索里尼与斯他（大）林的怂恿亦未可知，因为希特勒的主张一向是要取得英国的友谊的。德国曾经这样说："努力若告失败，则英法即将担负战争之责，德苏政府即将实施彼此协商其应取之必要措置"。意大利也这样说："苟意相此举不能挽转时局，则中欧亦将发生变乱"。所以英外相哈里法克斯也曾这样宣称："德方如放弃恐吓政策，英法并不拒绝和平建议"。因为英人要维持绅士体面，对于这种流氓式的手段是不愿承受的。就是这次威尔斯到意大利墨索里尼也这样说："假使英法不太客气，将有一反英法集团出现"。这些都是恐吓政策一贯的表现。总之这次战争，一直到威尔斯到欧洲的时候，都是有消弭之可能的。

到了现在德军是先发制人，是主动，英法去应战，是被动，这是事实；战事已经扩大，这是事实；德军进展神速，这也是事实。现在我们最关心的一个问题，便是德国是否从此独霸欧洲？

说到这个问题，我们想起两句话，这就是克里曼梭在上次战后说的："不可忽略敌人的复兴，谨防1870年故事之重演"。这真是所谓"昔日戏言身后事，今朝都到眼前来"了。这次德军进攻如此凶猛，英法军队如此脆弱，据说在法比边境海岸一带同盟军被德军包围的不下百万之众，就这样看来，似乎"柏林之国歌，巴黎之国歌"，恐怕这只是时间的问题了。虽然德军现在的目标在沿岸一带企图威胁英国，但是德军的行径异常诡秘，并且是跳跃式的，难道他不声东击西，乘其不备而进攻巴黎呢？难道他不肃清了比法海岸之后又以进攻英国太难，仍然实施舍利叶计划而进取巴黎呢？假定巴黎一旦攻下，此后要去扫荡其他一切地方，恐怕是不大成问题的。如果德军真是占有了法国全境的话，那西班牙的佛朗哥还有什么话可说呢？如果希特勒一帆风顺，再挟其雷霆万钧之力南临巴尔干，这些小邦还敢螳臂当车吗？果真一旦到了这个地步，无论情势如何转变，德军至少是可以以战养战了。

不过在事实方面，决不如此简单，我们应该分别来看。

我们先看法国。法国在普法战争的时候拿破仑虽然在师丹投降了，而巴黎抵抗普军之围攻竟达四个多月，普军亦异常惊异。到了上次欧战，德军势如破竹，长驱直入法境，法军节节败退，直达玛伦河。当时霞飞下令军中曰："时间已至，诸君当奋勇直前，宁死毋退"，结果德军被阻。还有一九一六年，德军大规模进攻凡尔登，霞飞参谋长加斯德洛谓守将贝登曰："勿□敌人通过。"贝登答曰："敌人不得通过。"此语遂成全军口号，结果凡尔登终获保全。凡尔登从此名震于世，美国人尤对之钦仰之至，以后美国人无论在集会时，或聚餐时，一闻凡尔登三字，即起而肃立致敬。照这样看来，法国民族性也很顽强，绝不是容易屈服的。

我们再来看应负战争责任的英国。明兴会议和英、法、意的谈判不用说了，当其莱茵炮战正在那里抑扬顿挫的时候，我曾经这样说过，如果把这场炮战搬到明兴会议的时候去讲演，其发生的效力比较大些，或者可以把和平稍微维持长久一点。当时有人为之解嘲，说是在明兴会议的时候，英人各方面都未准备妥帖，故而迟至现在才开始。好了，到挪威战争的时候，应该是准备妥帖了。再不然，到德军侵占荷、比、卢的时候，应该更是准备妥帖了。现在德军距离巴黎数十里，在海岸上可以望见伦敦，除了为实施"诱敌深入"的战略，恐怕没有其他的解说罢！

但是英国人是很不简单的。他这次用经济封锁莱茵德国，逼得希特勒走绝路，逼得希特勒冒险，逼得希特勒"多行不义必自毙"，他这种阴柔曲折的手段，决非横冲直撞的希特勒所能应付。

　　我们再从另一方面来看，英国人这次和德国是不共戴天的样子，须知道这是为的英波协定与德苏互不侵犯条约的对立，为的大英帝国主义与国社主义的争雄，这是保守党与希特勒的搏斗。如果国社政权一旦在德国被推翻后，这种不共戴天的形势立刻就可以缓和下来。不仅如此，即使德国战败，只要经过相当时间，英国人又要因为维护他的利益和他的传统政策而又去扶持德国的。

　　意大利在这次战争里面，虽然不一定举足轻重，但是如其参加同盟军方面，这倒对于英法是有利的，因为英法可以不必过于戒备地中海东部和巴尔干，而可以把军队运用到别的方面去。如其意大利果真参加德方，则意大利尚未获得利益，必首受其害，这也是意大利宣言要继续维持模棱态度的原因。他因为天然资源的缺乏和地理的处境，以及他那个不易满足的欲望与那个好大喜功的精神，都使他难于抉择，都使他苦闷。所以一直到现在，他都表现出矛盾的行动，如像一方面在令全国学校一律于五月三十日停课，宣布海军实力，又旧事重提，提到一九三八年的要求，发动反英运动；而另一方面，他的商船又复往来于地中海上，齐亚诺又到亚尔巴尼亚，教士亦不离开梵蒂冈，又在禁止反英运动。不过，他这种矛盾行动也可以从两方面说，他不是在积极配置准备争取时间，即是虚张声势，要向英法争求高价，而后者的成分确是要多些，如其再来一次伦敦密约，这对于他是最好不过的。如其英法过于悭吝，这也怪不得他要向冒险的路上走去了。

　　还有一个苏联，这尤其是值得研究的。自从德苏互不侵约订立之后，他同德国瓜分了波兰，又巩固了波罗的海沿岸，这都是传闻的互不侵约当中的秘密条款明白载出的。他一直到现在都在支持德国，这是无可讳言的。我们现在的问题，便是他究竟是不是要明白参加战争？说起这个问题，最好是先从历史上看：以前大彼得蓄意要波罗的海、波兰或黑海方面"开凿一窗孔"，好容易费了许多力量才在波罗的海与黑海建了一点基础，以后复由加他林第二继续彼得的目的，本在使俄国西欧化，而结果也只是使俄国西欧化，换言之，并未使俄国工业化。到了十九世纪，各国竞争工业化，而俄国落后，此亦俄国在上次欧战时所以失败的一个原因。俄国的国力算是先天不足，所以斯大林才一再的努力、第一、第二、第三次的五年计划，历史上的缺陷便是斯他（大）林努力的背景。

照上面说来，斯他林现在的努力还在进行当中，换言之，他的努力还未达到完全成功之境。斯他（大）林好容易才走到第三个五年计划途程当中，无论他的成绩如何，岂愿意把他辛苦造成的这点成绩，拿在这场未定之大的战争当中去学凯撒"骰子掷下了"吗？

再就苏联最近的外交手段来看，他看见英法苏谈判毫无成功希望，便和德国订立互不侵犯条约，结果得的利益很大。他和芬兰正在作战，但一看见国际形势转变，立刻悬崖勒马，便与芬兰议和。此外，他一方面支持德国，一方面仍与英国保持友好关系，这些行动都是他眼明手快、八面玲珑的地方。这样聪明的苏俄，他不知道趁此坐收渔人之利而去贸然卷入"不是打败而是打光了"的这场恶战漩涡当中吗？

还是国社党的东进计划，苏俄不明白吗？希特勒著的《我之奋斗》一书当中，明明载着"倘若我们说到新土地，第一，我们可以也只有想到俄罗斯以及他所附属的边境各邦"，又说"这个大帝国快要瓦解了，犹太人统治的末日，即为俄国的末日"，这就是"希特勒企图以德国力量支配整个俄罗斯。由他来看，革命以前的俄国不是出之斯拉夫民族的力量，而是由于统治者中之日耳曼分子。这种分子因俄国残杀智识阶级而被扫除，造成了空虚的现象。于是暂时由犹太人代替，这些人缺乏各种建设的才能，是不能长期保有一个大帝国的统治"。我想斯他（大）林对于这本"德国人的圣经"一定是烂熟的了。这一段话的意思，就是说苏联在支持德国当中仍然要防备着德国。

我们再从事实方面来看：自一九三二年国社党在德国抬头以来，直到去年德苏互不侵约成立，苏俄实在未感一日安枕，好容易获得这样一个好机会，才把这颗对准苏俄胸膛的炮弹移之向西，使其向着苏俄的敌人胸膛打去，这真是幸运极了。还有，自一九三五年英德海军协定成立后，德国已在波罗的海正式成立海军，其形势已可封锁苏联的舰队；在大陆方面，自波兰被瓜分后，德苏已经成了近邻。我们姑且不谈巴尔干与黑海，单是以上两处，德国已可控制苏联。假如这场战争，英法战胜，此固不利于苏联，但从地域的距离上看，苏联本部的安全尚不至于成问题。反过来说，倘若德国战胜英法，恐怕继英法之后首受威胁的便是苏联。所以，就苏联的立场来说，最好是这三个资本主义国家互相火拼，两败俱伤，等到两方打光之后，岂不大妙，何苦要去以有限的力量试作孤注呢？况且，德国以前是苏联卧榻之侧的一个强敌，战后这个强敌变成病人，岂不大妙，何苦一定要继续支持下去，甚至明白同着这个强盗一同去走黑路呢？两败俱伤，强敌生病，苏联正好无忧无虑，从容图强，再过相当时日，殊不愁发展之机会。

说道美国，美国在上次欧战当中算是决定命运的"救世主"。美国在上次战争当中算是明白参战的一员。这次美国是否参战，此刻尚难确定。但是我们可以这样说，如果英法力能支持，德国行动未至过分残酷（这个话也要活着，所谓欲加之罪，何患无辞），美国不感何种威胁，美国也可以不必参加。总之从欧战开始起，美国在积极方面是与英法一致的，除开兵力以外的一切援助，美国对于英法总是要源源接济和支持的。

再说东方上的日本，他是最苦闷不过了。他在中国的侵略无法结束，进攻荷印似又不敢造次，处在这样一个千载一时的大大好机会，而自身不能自由发展，这真晦气不过了。不过他也可以，如其他愿意的话，也可以去冒险，不顾一切的乘人之危去进攻荷印。他的结果不可得而知，这确是我们最祷祝不过的。

最后说道我们的本身了。我们处在这个剧变的时期应该怎么样呢？此刻由我们在此地来谈这个问题，似乎不大相宜。我们手边不仅没有精详的情报，即稍微灵通的消息亦不可得，如其仅凭空想，信口雌黄，那真是自欺欺人了。但是我们也可以做一个概括的说法，这便是：在对外方面，除了我们的劲敌日本和横冲直撞的德国而外，我们应该在国际方面维持一种普遍的友好关系；在对内方面，我们应该团结内部，整齐内部，安定内部，充实内部，等待机会之来临。

最末，我们也可以抱持一种希望，这也并不是不可能的：假如日本不能忍耐，要去冒险，要去进攻荷印，我们的地位自在英法美的眼中显出重要，我们大可在维护世界和平的努力下，同时去实现我们收复失地的愿望。

保育政治与统制经济①

主席、各位会员：

上月经济学会成立的时候，本人正值赴渝开会，所以未能参加。但是我知道当时情况很热烈，每个会员对本会均抱很大的希望，这是我觉得很安慰的一件事，由此当经济学会的学术部干事来请我讲演时，就接受了这个请求。

这个题目很流行很时髦，同时亦为研究经济者所特别注意。关于这个题目，首先应讲经济与政治的关系，这大概大家在进法学院时，已有相当认识，但是本人另有一点见解，所以拿出来与大家讲讲。

人类集团生活的方式，即所谓社会活动为多方面的，但归纳之，可成四种，即：管教养卫。普通一般人讲管属于政济，教属于教育，养属于经济，卫属于军事。但我个人觉得这种说法尚不完全。因为我们如果仔细观察一下，应该知道这四件事都有关系。

政治常与教养卫三者发生关系，例如政府于战时米价高涨时，买平价米和给公务人员以米贴等，这就是政治与养的关系。政府办国立学校，就是政治与教的关系。政府练军队就是政治与卫的关系。经济亦与管教卫三者都有关系。

例如一个大公司假使管理不得其法，必遭失败，这是经济与管的关系；各种从事经济事业的人员，必须受专门训练，这是经济与教的关系；假使经济事业毫无保障和保卫，那势必没有成功的希望，这是经济与卫的关系。

其他如教育与军事，对于其余三者亦如是。我们究竟应该怎样分别政治与经济、教育、军事呢？就看在管教养卫四字中，特别注意哪一点而已。一切社会活动，都包括在里面，假使以为管是政治，养是经济，那么二者好像没有什么关系，但是如果照我的列法，即可以看得出其中关系的

---

① 时任四川大学校长程天放在经济学会演讲，原载于《国立四川大学校刊》，1941 第 8 卷第 10 期。

密切。

第二，我要讲放任政治和自由经济，在讲这问题之前先得讲一点背景。近代的保育政治和统制经济是比较新的事物，数十年前大家还主张国家不要干涉人民，任其自由发展，即所谓"Laissez-faire Policy。在政治上为放任主义，在经济上为自由主义。中国几千年来，就实行这种主张，政府向来不与百姓发生关系，假使你现在问一个乡下人，衙门是做什么事的，那他就会回答你说，衙门是完粮同打官司的地方。由此可见一个既不完粮又不打官司的人，简直可以与政府不生一点关系，所以中国对放任政策，是一个行之最早而又最久的国家。

在国外直到十八世纪初叶才有人提倡。正统派经济学的鼻祖亚丹斯密（A. Smith）即在创此主张，又如英国的哲学家斯宾塞、法国的卢梭和德国的孔德都极创导之。这因为欧洲在中古时代，受帝王、贵族、教会、地主等的压迫很厉害，行动思想等全没有自由，农民大半是农奴，连身体与一切举动的自由全被剥夺，一世不能改变他的职业。所以这种半奴隶的生活，是人类很不平的现象，同时也有妨碍进步的现象。十八世纪出了许多经济学家、政治学家与哲学家，此辈人目击这种状况，认为太不人道，因此在政治上提倡放任政治，在经济上提倡自由经济，这是对极端专制的一种反响。

这主张提倡后风行全世界，而形成十八世纪末十九世纪初的各国革命，所以这种理论对世界很有贡献，可以说十九世纪的欧洲文化，即由此创造出来，使欧洲人民得一大解放。因为没有这种主张，欧洲至今一定仍旧在黑暗时代中。

但是天下事往往做过头就发生流弊，好像钟摆摆到左边后必定回至右端，然后又再摆回，社会情形也常常如此，所以人类进步是螺旋形的。十九世纪末，大家发现所谓 Laissez-faire Policy 实有很大缺点，并非永远行得通的，中国行了几千年，欧洲行到十九世纪，自工业发达，科学进步就行不通了。这时人类一切关系都由简单而复杂：人与人的关系密切起来，国家与国家的关系密切起来，政府与人民的关系也密切起来。例如成都至上海在一百年前要四个月或半年始可到达；有了轮船后，约二十天可到达；飞机发明后，只需一天便可到达了。欧洲的国家除苏俄外，没有一个国家用火车通过需要一天以上的。飞机通过须要五六小时以上的,可见科学与工业发达之结果——国家与国家、地方与地方之关系密切起来。中国以前没有警察,不生问题,但是现在即以重庆、成都等中等都市而言,如果没有警察,那就有汽车互撞,或行人被汽车碾死,立刻可出乱子,由此可见政府与人民关系密切起来。现在上海仅约二十方哩的面积,住了四百多万人,如果有人不谨慎而得了传染病,如伤寒、霍乱症等那就全市而言皆有死亡危险,所以政府必定要干涉,一方面消毒,一方面使之隔离,这表示人民与人民之关系密切起来。由此可知 Laissez－faire 的主张在政治上,到十九世纪末就行不通了。但是在经济上的行不通颇不容易了解,所以有人愿意在政治上放弃主义,但不赞成在经济上放弃自由主张。

世界上往往因社会进化的结果,有许多事表面看来很平等与自由,但是实际上却不然。例如工人对厂主关于工作条件,好像两方是平等的,应该自由订立,不需要国家干涉,然而事实上厂主处于优越地位,因为厂主如果一个月不开工,虽有损失,但不关紧要,而工人则几天不做工,就没有饭吃,所以两方面就直接交涉时,并不平等,结果总是工人让步,而为资本家所控制。因此政府采干涉态度不可。例如规定最低限度的工资、最大的工作时间、工厂之设备应该如何、机器之装置应该如何,始能减少工人生命的危险等。似此均为统制经济。现代法律多含统制性,如劳动法、土地法、建筑法与卫生法等。这种法律都是所谓保育政治,同时也为统制经济。这样才可限制资本家、大地主等的力量,不致因一二人之私利,而使全社会受其影响。

第一次欧战时有很多国家都积极施行统制经济,德国首先实行计口授粮,因德国是产食粮不多的国家,乃为避免浪费而实行此政策。因为分配得法的缘故,结果才能打到四年半的仗,否则恐怕连二年都打不成。同时还有其他统制,如强迫生产,使有钱人将他广大猎场变成农田,而从事耕种。此外更有强迫劳动,绝对不准使有劳动力量者优游岁月而不做事。

战后统制虽较放松,但决没有完全回到以前的状况,尤其是德意志始终是在统制经济状况之下。英美虽然向来是自由主义很盛行的国家,于战后仍回到放任经济,但至一九二九年闹成世界大恐慌后(美国失业工人,当时有一千几百万,英国也有八九百万),觉得这种主张行不通,而重行走上统限的道路。但英美的统制，究不如德国的彻底。

最后讲一点关于中国的情形。中国人对于 Laissez－faire 之思想最深刻，习惯最久，但是从海禁大开后，便感觉 Laissez－faire Policy 之走不通，不过对统制方面，简直一点没有基础。总理的民生主义就是采的统制经济，节制资本，平均地权，就是统制的办法，然而民生主义迄未实行，大家仍旧希望在 Laissez－faire 上发展，直到抗战发生以后，大家始迫切感觉 Laissez－faire 的缺点，而非实行统制不可。如因物价的高涨影响一般固定收入的人之生活，引起严重问题，因之中央乃设贸易委员会、粮食管理局以实行统制，但是过去成绩甚少，这是因为中国一切基础都没有的缘故。

统制经济的第一个条件，必须一切事物有调查与统计始可。就是统制一家的粮食，亦必须先明白家中产米多少与人口有多少等等，然而中国向来是少正确统计，如四川人口的确实数目，尚没有知道，有人说是五千万，有人说七千五百万，相差竟达二千五百万之巨。粮食产量也没有确数，去年四川粮食产量，有人说八千万担，但是有人说有一万六千万担，相差一倍。

在这种情形下，想实行统调经济，实在非常困难。同时中国商业散漫而无组织，外国就不同，一切工业品、农产品都集中在少数市场，所以容易统制。例如美国粮食均在市场购销，于是政府只要对粮食市场加以管理就可以统制。中国则粮食只有小规模的买卖，并没有全国或全省的市场，欲实行统制就异常困难。所以中国要做到统制经济，必须赖政治力量，将组织、调查、统计工作获得解决后，始能实现。

川大的前途①

主席、诸位先生、诸位同学：

本人虽然生长在四川，但是离开四川已经是二十九年了，此番回到四川来，得重度二十九年前所经历的川中生活，并得见本省各方面的进步情

---

① 时任川大教务长沈茀斋演讲，原载于《国立四川大学校刊》第8卷第5期。

形，使我感觉异常兴奋，并有此机会获睹怀念已久的四川大学，及在川大求学的青年，更使我感觉愉快！

程校长奉命主持川大年余以来，时时在想就川大已有的光荣历史，更加发扬光辉，本大学教学及行政的诸位先生在校服务之奋发努力，尤为兄弟素所钦佩。程校长此次邀本人前来川大供职，稍分诸位先生的劳苦，兄弟自觉学浅才疏，本不敢应命，但校长一再催促，并责以大义，使兄弟义不容辞。惟愿在昆明所服务的学校只准给一年，故本人留川亦只有一年的时光，若在此简短一年之内，本人能稍分校长及诸先生的劳苦，并得时与诸位同学砥砺切磋，兄弟应即引为自慰了。

近来在我们民族抗战的过程中，各部门主持事业的人们，共同发现一种惊异而严重的事实，即全国各部门的人才均不敷分配是也。既在国内建设事业进展之迟缓，收效之不易，不是因缺乏经费，不是因缺乏物资，不是因缺乏计划，但最严重的困难乃是人才不敷分配，尤以有学识能力及德性素养的大学毕业生不敷分配。请试举一例说明。

最近交通部路政司杨司长见告，每一千公里的铁路，自建筑至完成及流畅运用，需土木工程系毕业生五百人，机械工程系毕业生二百五十人，电机工程系毕业生五十人，更需商业管理或政治经济及文科毕业生三千人。目前部中所着手兴建应急的铁路为一万公里，其所需人才应即十倍上列数字。但此仅为现代交通工具之一种，其他交通事业，如航政、航空、公路、邮政、电政等，及其他维持现代国家之基本事业，如重工业、一般工业实业、金融业、商业、农业、农村建设事业、兵工及国防事业、教育文化事业、地方政治建设事业、医药卫生事业等等，所需人才应为若干，当不难想象，惟以上述情形乃仅言应付抗战时期国家之基本需要。而转瞬抗战胜利后，复兴建国所需之人才，应为若干，此种建国复兴之工作恢复国家事业旧观应需人才若干，其数额之巨，当亦不难想象。故经此番抗战，国人始发现己之国家所举办之高等教育数量太少，而所培植之人才亦远不敷抗战建国之基本需要，由此亦足推见大学对于国家前途所负责任之重，及关系之密切了。

本校师生同人现居处在中国的西南，更在西南重心的四川。中国西南半壁对于国家之重要，经此番抗战始为全国一般人士所彻底认识，四川更为历史上所称为天府之国，不仅地广民众，而物产蕴藏之富，地力之雄厚，人民智慧水准之高，及气候雨量之调匀，均为全国各行省中所少见，更为西南各省所不及。此为居处在西南，尤其居处在四川的人士之特殊空间的环境，这个环境是如何伟大啊！

四川大学乃国家为建设西南而特设置的最高学府，川大对于本省、对于西南、对于国家所负的使命，是如何的重大。同学诸君现正在此负有重大使命的大学内求学，一方面深堪庆幸，一方面更应兢兢业业蹈厉奋发，并且艰苦卓绝地去准备自身，方能担负起如此重大的使命啊！

大学常经吾人称为学府，盖认其为学术重镇。故顾名思义，大学的生命实系于学术，大学生活应以学术为重心。大学一方面应注重传布学术，即通称为教学，亦即所谓传道授业解惑也。（大学教育程序除教学外，固尚有人格陶冶、精神训练等要项。）而大学另一方面当注重促进学术，对于学术上应有发现、发明与创造的贡献。一个大学除传布学术外，不能在促进学术上努力，决不能成一伟大的学府。一个国家，若她的大学不能促进学术，使其学术独立，而仅能抄袭传授别国学术研究的结果，则决不能成一伟大的国家。

大学所负的这两种工作，每每不能分离，切当相辅为用的。凡一大学，若其研究工作紧张，研究空气浓厚，一方面可使教师之教学材料与时进展，月异而岁不同，使教师感到教学的生气；一方面亦使学生对于学术之视野扩大，知大学四年中所传授者，仅为入学之门，知学无止境，知学习乃终生事功。在学的青年见五十六十岁之老师宿儒犹求学不辍，则其好学之心亦油然而生矣。故对学术研究不能努力的大学，不独对于学术不能有新的创建，而对于教学的基本工作，亦每感到困难，其理由在此。

如何能使一大学负起此两重的重大使命？就一般说起来，应有待于三个基本因素的适宜配合，此三因素缺一不可，即良好教师、良好的研究设备、适宜的学校生活环境。如有良师而无良好的研究设备，则学术的工作无从着手，真所谓英雄无用武之地。如有良师设备，而无适宜的学校生活环境，则良师不能安静与安定地进行其学术工作，而其努力不获生花结果。川大教师富有积学之士，以偏处西南的大学，而能聚集如此其多之学者，为一极可宝贵之事实。如能百尺竿头更进一步，从学术设备及生活环境方面再加以改善，并充分利用此项设备与环境，则本校前途不可限量！

环顾中国任何大学之振兴，均仅十年努力之结果，北大、中央、清华诸大学均为例证。以川大今日人才之多、基础之厚，如再加切实努力，则不须十年，纵不与世界各国先进之大学抗衡，必可与国内任何学府相比拟。惟大学地位之高下，非一般市井人民所能鉴评，须有待于学术界之评判。小而言之国内学术界，大而言之世界学术界，始可评定大学之地位，这是我们为大学教育而努力的人士所当认识的啊！

吾人生存于此抗战建国的伟大时代之中，居处于此伟大地域之内，我们均应兢兢业业地坚持各人报国的志愿，奋发蹈厉、艰苦卓绝地去准备各人的学识、能力、德性、健康的素养，我们方可希望不致辜负了这个伟大的时代和这个伟大地域的环境。孟子说："舜人也，予亦人也，有为者亦若是。"这是何等博大的胸襟！孔子说："博学之，审问之，慎思之，明辨之，笃行之。有弗学，学之弗能弗措也；有弗问，问之弗知弗措也；有弗思，思之弗得弗措也；有弗辨，辨之弗明弗措也；有弗行，行之弗笃弗措也。人一能之，己百之。人十能之，己千之。果能此道矣，虽愚必明，虽柔必强。"这是何等艰苦卓绝的精神！我们每个人均应具有顶天立地的胸襟，始能担负继往开来的事业，这是本人愿与诸位同学相互勉励的啊！

现阶段的抗战经济[①]

各位先生，各位同学：

今天本人承贵大学邀请讲演，非常荣幸，不过本人今天讲演，不是站在政府的立场，而是以私人资格向各位讨论现阶段的抗战经济，以此立场，随便讲一讲。

抗战五年以来，前方有几百万人流血，后方有几万万人流汗，而他们血和汗的交流，已灌溉出灿烂之花。作战有两个原则，一是如何杀掉敌人，一是如何饿死敌人。中日之战，我国人多势众，日本根本就不能消灭我们。德军事家曾经说过，日本能用于前线的飞机，不过五百架，能用于

---

① 何浩若讲演，原载于《国立四川大学校刊》1942 年第 12 卷第 6、7 期。

前方的部队，不过二百万人。中国期初抗战，固要吃亏，但若旷日持久，日本就没有办法。徐州会战以后，日本已成强弩之末，即可概见。中国人多而穷，所谓"穷凶极恶"，可见很难惹的。过去我们单独抗战，尚能屡挫敌锋，太平洋战事展开，得到英美之助，还愁日本杀掉我们么？

至于饿死的方法，并不限于米粮，包括一切经济。中国是农立国，物资丰富，目前物价虽贵，劳工反得其利，而下层社会比较安定。居里先生来华走的时候，重了十二磅，他说中国物资真正多呀！英国一经作战，立刻限制物资，每人每周只吃半斤肉、吃一次鱼，女皇要求吃两次肉，都遭受弹劾。我国不但得天独厚，在此战时，日本所占领的区域，只是消费中心的城市，而生产中心的乡村无法控制，所以五年来日本在华得不偿失。

中国的优点，不只是农立国，而且在无组织。何以说无组织是优点呢？譬如钟表机构严密，但是一颗螺丝钉坏了，马上就会影响进行。而我国呢？则恰似日晷，一盘一轴，机构简单，所以即使烂了半边，也无损于大体。今日我国河山残缺，犹能继续抗战者，恰如此日晷情形一样。

年来物价高涨，一切物资较战前平均高到三十五倍，最高的是西药，一百余倍，五金材料九十余倍，最低的棉纱涨到三十倍，肉类二十余倍。百物都涨，只有知识分子的脑力没有涨价，因此公务人员和教书先生，拐腹从公，辛苦极了。因为劳力可以打仗，可以生产，所以奇货可居，而科学的精神、书信的美术，有什么用处呢？但是假使一国不兴教育，全国人都是文盲，这个国家还能够生存吗？军队呢，与敌拼命，捍卫国家，自然也不可少。他们粗衣恶食，每月只发五块钱，也加倍的吃苦，所以只有军队（人）、教师和公务人员是最值得尊敬的。这三种优秀份子，他们不能拉黄包车吗？不善于囤积居奇吗？非不能也，是不屑为也。现在一般奸商拼命囤积，大拿其钱，都市里随处看见着西装的，决不是大中学生，吃洋餐的决不是公务人员，多半是做生意的伙计们。出去慰劳，遇着一个穿黄呢下装的车夫，问他才是丢了团长来干的。重庆一位营长，不能盘家养口，竟忍心把儿女丢在托儿所。抗战以来，人民吃苦，军人拼命，固然已经表现了可歌可泣的功绩，但是亦有不少可耻可痛的事情。

今天有了革命的政府，有了贤明的领袖，难道没有补救的办法吗？有的。现在正从四方面进行。

（1）法币回笼。过去我们的法币发到二百万万元，超出基金四倍，因此物价遭受刺激，现在政府以一百万万元的英美贷款，实行收买，但是一般富有的人，还是悭吝不购，可谓丧心病狂。要是以过去军阀的手段，勒索派款，还是皈依佛法了。

（2）信用紧缩。通令各家银行字号，不能以物押款，免得商人囤积而不出售，辗转赢利。

（3）增加生产。战区工厂在万难中，亦辅助其开工，新式工厂，尤在积极建立，期能自力更生。

（4）限制消费。倡导勤俭，提倡节约，婚丧庆寿，莫不限制靡费，近更提倡定量分配，先求得士兵及公务人员生活之安定。盖今日社会物资，确不患寡，而患不均也。

五年来我们流了多少的血汗和脑汁，可是在此战事继续进行的期间，还需要更多血汗和脑汁，以民族主义来抗战，以民生主义来建国。最末我们敬祝抗战胜利，各位先生同学健康！

川大与四川农作物改良 ①

民国二十四年的时候，四川得了一个非常荣誉的招牌，这个招牌叫做"民族复兴根据地"。从这个时候起，不仅四川政治军事上的情况被中枢当局所极端重视，教育亦然。我们四川大学，在二十四年与二十五年两年度中，发生了两件大事，第一件是国家拨款二百四十万元作建筑设备之用。现在"濯锦江畔，高楼巍峨"，即此款之赐也。第二件是教育部明令将四川省立农学院合并于川大内，于是从这年度起，川大对四川农作物的改良，亦树立了几件不可磨灭的事绩。

一个大学除教学外，试验研究也是非常的重要，尤其是以农学院为然。1935 年秋，农学系开始作物育种及其栽培的试验研究，在省内各县及省外向农业教育研究机关及农事试验场所征集品种，并先后与全国稻麦改进所麦作组及稻作组合作，举行良种区域试验。复 1936 年春，应四川

---

① 杨允奎演讲，原载于《国立四川大学校刊》1943 年第 15 卷第 5、6 期。

建设厅之请，合组稻麦试验场。在这两年中，曾在小麦里面发现有两个良种：一为"成都光头麦"；二为"金大二九〇五"。前者产量极高，但品质较逊，有少许之黑穗病；后者产量略逊，但品质佳良，黑穗病极少。在水稻方面，发现有四个良种：一曰"水白条"，二曰"筠连粘"，三曰"□□粘"，皆产量甚高，品质亦佳；四曰"浙场九号"，产量品质均佳，惟成熟期较晚。在棉作方面，以从美国引进之"德字棉五三一号"质量为最佳；在玉蜀黍方面，引进有美国之"可利"种，产量既高，品质亦良，只成熟期较晚，抗风力稍弱，是其缺点。

1936年秋，川大协助四川省政府设立稻麦改进所，原设之稻麦试验场改组合并于其内。1938年秋，省府又设置农业改进所，将全川各农事机构合并在内。该机关等先后参考川大1935、1936年之试验结果，再进而谋稻麦棉等良种之大量推广。例如："金大二九〇五"，系于1937年由稻麦场向全国稻麦改进所购买一百石，运往川北推广，现在该品种推广繁殖之面积达六十余万亩。又如"水白条"，在成都平原之北部及陕西汉中一带推广，颇着成效。至于其他良种，亦在川省，各有其推广之地带。虽推广之工作由农事机关所主办，然而追溯该良种等之由来，川大在试验研究上，有首倡之功绩焉。

1937年以后，川大农作物之试验研究，虽在经费困难情形之下，仍然继续进行。为避免与省农改所之工作重复计，多着手于理论及特种问题之试验研究。在水稻方面，有再生稻、水稻分叶及水稻特用育种之试验。在小麦方面，有品种特性观察及特用育种之试验。在棉作方面，有品种研究。在玉米方面，有秋玉米遗传与育种之试验。在豌豆方面，有遗传之研究。在此数年中，试验研究之可略告一段落者，为"川大洋尖"及"印川麦"之报告，前者为一水稻良种，后者为一小麦良种。

农作物之试验研究，需时间甚久。通常经过之时间愈长，其结果乃愈可靠。其关于实际问题者固甚重要，而其关于理论者亦绝不可忽视。川大农作物之试验研究不过数年，其历史至为短促，吾人绝不能以现有之事绩而自满，今后自当不断努力，以求在学术上及实用上更能有所贡献，以符各方之期望。

川大虽设置在西南一隅，然从国家立场观之，位于民族复兴根据地之所在，在文化事业上任重道远，应为中枢当局所不可不重视者也。又川大虽属国立，然其所教育之学生，多半为川省父老之子女，又其试验研究之结果，亦尽先贡献于川省，尤以农学之研究为显著，盖农事受地域性之影响甚大也。此则应为省府当局及川中人士所更不能不关切者也。本年春，校本部及文理法师各学院迁回成都，物质基础之奠立，仰助甚殷，想各方贤达，本爱国爱乡之热忱，必有以玉成之也。

诗词佳话
情景交映

九月一日苏联大使潘又新觐见国府主席于峨山洪椿寺呈递国书我外交史上创举也余奉命陪宴敬赋一律

程天放

古寺权和廊庙伦，朝暾皎洁迎嘉宾。

名山事迹添佳话，元首威仪服远人。

捷步登临腰脚健，珍肴罗列儿筵春。

辅车形势应长忆，立国由来宾善邻。

（《国立四川大学校刊》1939 年 9 月 11 日）

初游峨眉宿报国寺

程天放

朝发蓉城夕到山，巍峨古刹正当关。

三峰拔地溦星纬，万木参天严序班。

粥鼓齐鱼闻法静，新诗佳画识僧闲。

元勋事业垂千古，应有精诚照宇寰。

（《国立四川大学校刊》1939 年 9 月 11 日）

初抵报国寺和果玲上韵

李思纯

黄昏到寺句吟韩，山石□牙树比肩。

一路炎风余处暑，半轮秋月指初禅。

便依佛地开运社，喜遘诗僧是□仙。

天下几人真报国，只惭桑下与随缘。

（《国立四川大学校刊》1939 年 9 月 21 日）

附和作

报国寺监院僧果玲

为学期山今到山，乡云蓄意护禅关。

三峨秀气无僧俗，二陆功名媲马班。

丈室拈花时莞尔，岑楼吟翠倍安闲。

他年倘续中兴史，敢道菩提震宇寰。

（《国立四川大学校刊》1939 年 9 月 11 日）

由报国寺至伏虎寺沿途所见六叠门茶韵

周癸叔

鸣至溪声息众哗，廉姜满谷绽幽花。

悬知道妙如观水，解得机锋去吃茶。

入寺三休劳习坎，罗峰一席乐忘家。

偶因僧话窥禅定，孰与浮生转法华。

（《国立四川大学校刊》1939 年 12 月 21 日）

游仙五叠韩韵

周癸叔

盖关雪拥孰迎韩，十贲华阳许并肩。

佛骨表成宁佞佛，禅心诗好不通禅。

定知跨鹤难成道，只学吹箫便得仙。

入洞群真随世换，可能黄白共夤缘。

（《国立四川大学校刊》1939 年 10 月 21 日）

以峨眉云海雪山与浙江潮相诧再用秋韵

周癸叔

曾瞰钱塘八月秋，枚乘七发若为酬。

珠宫贝阙中天立，雪浪银涛截地流。

万顷兜罗仙掌迥，三峰连萼佛光留。

峨眉剩与江潮比，海若山灵孰好羞。

（《国立四川大学校刊》1939 年 11 月 21 日）

中秋果玲招饮即席赠诗依韵和之
周癸叔

平分银界满轮秋，各发心声与献酬。
无着天亲论法系，小山大雅集英流。
雪云翠柏经年梦，瓶钵香清尽日留。
莫怪重来登陟懒，寒泉一盏焉神羞。

（《国立四川大学校刊》1939 年 11 月 21 日）

由钻天坡上洗象池和果玲上人韵
向　楚

鹃没天低处，梯云最上层。
山容工雨景，游伴得诗僧。
济胜凭何具，穷高苦未能。
秋闻思啸月，容我办孙登。

（《国立四川大学校刊》1940 年 12 月 21 日）

龙山会（两小女自成都来述夜袭空战情形词以纪之用梦窗韵）夷则商
周癸叔

月里天无罅。送响霜霄，怪鸟穿云亚。剪斜先布阵，挥劲羽，鹘鸟旆头齐下。星阽雹青红，似熔铸，祥金在冶。照空灯，回光四射，绀烟浓□，逋客蔽隐壕端。待起舒眸，惧惨婴风马。火鸦迷近远，猜未了，寒笛催归深夜。还道屋檐飞，地都震，机枪乱泻。睡未舍。倦睫向，□林绡帐挂。

（《国立四川大学校刊》1940 年第 8 卷第 13 期）

再酬果玲
向　楚

一雨迷山绿，云层与雾层。
迄无收雨势，聊共看云层。
揽胜留三日，题碑谢九能。
象池今夕醉，高卧比陈登。

（《国立四川大学校刊》1940 年 12 月 21 日）

尚志亭记——程校长于白望丘建尚志亭为师生眺望之所

本大学于（民国）二十八年秋，因避寇肆虐，迁徙峨眉，布置就绪，程校长以白望丘之巅，筑亭于上，为师生假日游眺之所，爰为之序，用记其事，兹转载于后。

尚志亭记

民国二十八年秋，国立四川大学因避寇机肆虐，迁于峨眉。越九月，规模粗具，乃筑亭于白望丘之巅，为课余假日游眺之地。登斯亭也：前瞻则沃野平畴，绵延无际；后顾则崇山峻岭，深邃莫测。凤坪雄峙于左，若振翼而欲飞；虎山高蹲于右，俨作势而前搏。虎溪奔流两山之间，水石相激荡，澎湃之声足以悦耳。茂林修竹弥望皆是，苍翠之色足以娱目。于是心旷神怡，陶醉于大自然之怀抱，尽有不期然而然者矣。然而外辱严重，国势阽危，正吾人淬历奋发之时，而非忘情逃世之日也。愿诸生享山水之乐，得清静之趣，愿勿忘前敌将士之断躯折肢，为国牺牲，战区同胞之颠沛流离，水深火热。振其精神，齐其心意。勤学储才，蔚为大用。人人以拨乱反正为己任，天下兴亡为己责，则庶乎川大之迁峨为不虚，而民族之复兴之期亦不在远矣。爰取昔人"士何事曰尚志"之义，以名斯亭，而资儆惕焉。是为记。

民国二十九年五月新建　程天放撰

（《国立四川大学校刊》1940 年 5 月 21 日）

声声慢（蛙声为人所厌而峨眉大坪及洪椿寺池蛙美
具号曰仙姬鼓琴拈此谇之）（仙吕调）

周癸叔

官私休门，鼓吹方酣，应嫌恼乱弹心。谁氏双姬，春宵两部天琴。徒夸调高金石，怕谪仙，不赏凡音。无弦谱，似巴州蚓窍，巫峡猿吟，声彻凤台西畔。向接与歌里，一宫尘襟。灵药偷残，私衷怨悔难任。银蟾未升银界，坐小池，异井同岑。空取闹，笑幺麽，曾□太阴。

（《国立四川大学校刊》1940 年第 8 卷第 12 期）

大佛殿

观音千手眼，楼阁最高层。

髻上仍安□，墙西许住僧。

保存兵自健，瞻仰士无能。

不尽凭虚想，其如未可登。

　　殿在县东门外，供明嘉靖时铸千手千眼观音铜像，高十余丈，冠高九尺，初安时冠不正，以九尺铜佛像置其中始正。现为武英殿古物保存所，守卫甚严，不可入，寺僧皆迁西临火神殿。

（《国立四川大学校刊》1940年第9卷第3期）

意　行

李思纯

意行策杖欲忘疲，又是鸣蝉散学时。

幽谷流泉小击筑，高林泄日碎玻璃。

巅危宗国身安托，志业中年事已迟。

不惜蹉跎草间活，峰峦添翠鬓添丝。

（《国立四川大学校刊》1940年第9卷第2期）

庚辰重九日

李思纯

风雨漫天杂鼓笳，惊心梁益剩中华。

病余止酒辜佳节，客里居山忆菊花。

晚效难期生马角，微躯何用系匏瓜。

茱萸把处思来日，丧乱无穷岁有涯。

（《国立四川大学校刊》1940年第9卷第4期）

秋晨至伏虎寺木芙蓉盛开

李思纯

夜雨苍台磴寒石，挂峰初旭上林端。

新晴山鸟喧清籁，小涨溪桥动浅澜。

僻地随缘成去住，病身遣日杂悲欢。

芙蓉冷艳僧房古，独向秋晨倚杖看。

（《国立四川大学校刊》1940 年第 9 卷第 4 期）

飞来殿

周癸叔

覆处山成箕，飞来殿上层。

六杉排若佛，四础静于僧。

家庆征何在，楼楣补未能。

宋碑犹可拓，耗墨想登登。

殿在县西北五里。旧记云，自蒲江飞来，失后楣，在南河水中。唐懿宗家庆楼，久毁，唯存四础，径四五尺，镂刻致精，有宋淳化，元泰定、大德，明万历碑。

（《国立四川大学校刊》1940 年第 9 卷第 4 期）

四峨山名曰花

周癸叔

献花普贤座，奇石簇花层。

射石常疑虎，拈花即是僧。

影娥呼月上，开士□经能。

近市当门好，暂予欠一登。

花山在峨眉县西三十里，日日见之，未能往游也，友人蒙文通之弟文登，常见石上有二虎。

（《国立四川大学校刊》1940 年第 9 卷第 3 期）

咏琪桐

王希成

策杖高山探物华，琪桐一树放奇花。

名播西域争传异，种出南华不待夸。

稽古我惭疏载籍，扬新人自植园畦。

峨眉幽胜迟留惯，何必莲丹泛若耶。

（《国立四川大学校刊》1940 年第 8 卷第 16 期）

旅居峨眉僧寺用斗茶韵

李思纯

虎溪龙洞水声哗，□桂天香丈室花。

酒喝人方思蜀酿，诗清吾自爱峨茶。

中年世路蜘蛛网，独客僧寮燕子家。

欲向此山笺草木，嗟余博物愧章华。

（《国立四川大学校刊》1939 年 12 月 21 日）

佳晴自报国寺至伏虎寺

李思纯

四围烟翠眼中明，伏虎山高草树晶。

临水佩环闻静籁，压峰黄绿界秋晴。

吾生渺矣修蛇垫，世路铮然曳杖声。

领取峨眉好风日，不因萧瑟感孤行。

（《国立四川大学校刊》1939 年 12 月 21 日）

月夜闻成都警讯

李思纯

避兵藕孔事难求，劫火妖星照九州。

蛮语碧山凉吹急，鬼车黄月暗灯愁。

危疑远讯凭谁卜，忧患吾生倦未休。

独向荒村哀斗室，一宵清坐白人头。

（《国立四川大学校刊》1940 年第 9 卷第 2 期）

予等登峨露雨而返在接引殿遇宣汉僧慧明归来
语我留三日登顶获见佛光仍用层韵增之

周癸叔

云中君不见，云表蹬层层。

雾易迷三里，诗难见九僧。

东坡逢佛印，曹洞访南能。

槐朗终无饮，晴来蹑履登。

（《国立四川大学校刊》1940 年第 9 卷第 2 期）

二峨山名复蓬一名绥

周癸叔

复蓬山一色，界出白云层。

染借天为纸，钩成石若僧。

种桃仙去久，入画品终能。

言访紫芝洞，因之策杖登。

报国寺右瞻二峨，混落一色，一日薄云封之，山层毕显，如画家之烘染勾勒然，亦奇景矣。昔人得蟠桃于绥山，制其核为二杯，各容酒四两，民初见其一于武英殿，今当无恙否，紫芝洞俗呼猪肝洞，对二峨山。

（《国立四川大学校刊》1940 年第 9 卷第 2 期）

三峨山名铧刃

周癸叔

绝徽扬铧刃，蛮中山万层。

儿孙皆伯仲，夷落少名僧。

沫水连天远，龙池照影能。

资源开电力，荒漠有人登。

铧刃山在大渡河边，登峨眉绝顶可见。杜诗"西岳崚嶒竦处尊，诸峰罗立似儿孙"。峨眉高倍西岳，则覆蓬铧刃花山亦儿孙耳，乃以二三四峨目之不称。

（《国立四川大学校刊》1940 年第 9 卷第 2 期）

山　中

李思纯

众绿浓蒸初夏晴，梯田镜水见新耕。

家如客燕仍流寓，身以闲僧累世情。

峰翠欲从参静理，泉幽疑与咽危声。

六州铸错乾坤毁，冷眼山中曳杖行。

（《国立四川大学校刊》1940 年第 9 卷第 2 期）

踵次此章

此行不为看山来，讲肆欢门两处开。

垂野星文光太学，横流沧海要雄才。

树人□富百年计，先志风移后起才。

老瘦与君逢饭颗，收京何日再衔杯。

（《国立四川大学校刊》1940 年第 9 卷第 9 期）

峨眉曲序

　　峨眉曲者，叙永郑涵之所作也。涵以庚辰夏，卒业四川大学，是为迁校峨眉之第二年。其冬，乃有史学系三年级生，彭县刘沛仙，峰坠涧殒生之事，涵已归里，次春重来，适同学开会追悼，所为哀诔，暨师生所致诗词连语，无虑百数，芬芳悱恻，哀丽伤心。涵初不识刘生，既知其崖略，哀其身世，为之指事类性，范裁群怨，托体长庆，结乡楚招，可谓荡气回肠，移人历俗者矣。或疑涵方学古之道，欢诗说体，若此诗者，将为自由儿女张目，如古处何？合曰：自婚姻之礼废，夫妇之道苦，礼防未立，法制无根，绝续之交，必当决择权衡，织毫无减，若外眩哗嚣，内移势力，薰犹共器，鸡凤同栖，何异生虉，反成怨偶，强者思冲罗纲，弱者饮恨终天。涵为此诗，将明鉴戒，欲世人隆思蹈义，无忝所生，礼即无文，防能自立，夫妇之道正，可推暨乎事父事君，是诗教也，君子故有取焉。若其哀窈窕，思贤才，国风好色而不淫，小雅怨诽而不乱，荡以思虑，终归闲正，主文谲谏，志洁行芳，将令读者自得之，无俟予之喋喋也。辛巳暮春，威远周岸登序。

峨眉山畔峨眉月，不照团圆照离别。

愿王无语只拈花，贞禽有恨场啼血。

贞禽岂择恶本栖，好女莫作邯郸妻。

孔雀南飞雁北向，杜宇悲鸣鸟乱啼。

啼鸟落花点山绿，半弓香土瑜伽曲。

刘生本出孝廉家，四代声华书几簏。

一凭脉望杜衰门，趋庭问学三东足。

天彭一堂住儿家，薄拥书田气自华。

耻娇妆束矜时世，高步音尘拟绛纱。

休翻雒下姚黄谱，独立西川丹景花。

都讲高材擅师弟，天生馨逸羞罗绮。

能使行人驻马看，肯教才地为情累。

芙蓉城郭柳如丝，年去年来好自持。

异代兰芝同薄命，离魂倩女错相思。

诗书拜倒钱刀力，乐府推翻决绝词。

石室三春满桃李，湔江一夕长茅菔。

可堪谢傅偏怜女，竟许豪家□□儿。

赚人嘉偶翻成怨，一卷芭蕉心辗转。

蓼虫习苦口冲碑，梅子留酸泪如霰。

直倚挥金垒镜台，安知焦□哀桐□。

何来授御七香车，刚道迎归九华扇。

此时阿娇无限情，必兵鹊突犹交战。

未立俟名傥可期，同居三载宁辞远。

相商心口听无声，手把银筝弄不成。

弹道回波秦吉了，劝君珍惜少年行。

好花深锁明明月，一缕游丝万缕情。

月到圆时已难保，花开并蒂同心少。

银河一旦突然崩，鸩收佞舌鸠徒巧。

望断萧娘一纸书，龙门不寄锦江鱼。

两情脉脉庚蒙楚，二载鳏鳏赋索居。
生来雀鼠工穿屋，幸有鼍衣能析狱。
只贪佳玉种蓝田，谁见干蕹泣中谷。
谷风旨蓄本伤贫，冶是缧绁反关姻。
角枕锦衾终独旦，涂车柳□有新坟。
生不同衾休同穴，往车阑珊不堪说。
牧童枉唱华山畿，收光蟛蜞□□云。
儿女思情付等闲，春水东流去不还。
浪矜五马相迎取，仍是罗敷未嫁年。
天边魑魅窥人喜，茫茫浩劫灰飞地。
不分亡羊失路岐，争禁断雁怜予季。
宛转蛾眉能几时。一生难得两心知。
慢收红泪缮青史，自抑骚心诵楚辞。
我欲问天乏双翮，西洲处处闻鸣鸡。
人影零丁花影稀，鹃声寥落箫声咽。
峨眉山下旧时人，只说逢春更恼春。
昔年皎皎闺中秀，此日悠悠陌上尘。
游人怕过罗峰路，指点惊鸿沉影处。
跋涉崎岖断涧中，庸知跬步将身误。
从来哀乐本无端，略知谁歌成路难。
鸟鹊衔期知有待，鸳鸯无命不成欢。
玉壶盛泪珠拼碎，锦瑟惊弦梦始阑。
相看同舍芳菲散，青冢昏黄谁是伴。
摊向桥头五代书，闷来何事书心乱。
一跌沉哀万事休，素娥孀悔海天愁。
如何识字思投阁，来迁留仙学坠楼。
文姬悲愤君知否，谢女多才复何有。
红珠山下豆苗肥，白望坡前东风瘦。
别有伤心正倚门，花前雁后数唬痕。
白头惨淡无家别，灵照依稀有书存。

一夜山风吹木末，魂绕空林复空壑。

去年桥上如花人，今岁扎根嗟叶落。

仇寇姻盟不可追，华丽泡电而应悲。

离鸾别凤今何在，惟有弯弯明月知。

（《国立四川大学校刊》1941 年第 10 卷第 9 期）

伏虎寺——四川大学侨置于此校

郁　如

峨眉伽蓝多，伏虎称第一。

层楼高千寻，扪摘到月日。

精舍临虎溪，溪水桥外溢。

粼粼细石子，白润无其匹。

华阳蒋山人，玉堂旧仙秩。

前身老比邱，于此缚戒律。

自从岛夷乱，道场搀讲室。

弦诵来梵呗，朗朗林樾出。

世变正需才，造士或可必。

杂处亦偶然，凌乱惶足恤。

堂堂程主讲，文史富作述。

示我山中诗，同游恨相失。

天放校长正　四川大学

（《新新新闻每旬增刊》1942 年第 4 卷第 26－27 期）

峨眉杂咏

程天放

龙门峡

奔腾澎湃溪声急，幽邃阴森峡色寒。

此是峨眉奇秀处，我来不厌百回看。

清音阁
——阁下有双飞桥及牛心石
竭求古刹赏清音，虹影双桥印水深。
一石中流成砥柱，万山无语看牛心。

黑龙江
群峰夹峙如□□，乔木清流入画□。
如此溪山可终老，愿消凡念乐真吾。

洪椿寺
——寺前有坊联曰象鼻卷地宝掌擎天
山深市远绝嚣尘，宝掌擎天气像真。
世事千年弹指过，沧桑饱览有洪椿。

仙峰寺
——一名尤老仙府
名山不愧称仙府，佳卉端宜植玉京。
安得结庐傍绝巘，便从九老学长生。

万佛顶
——峨眉最高峰海拔一一八〇〇尺
浩沾天风万里搏，此身已出白云端。
峰峦俯领皆臣服，快意平生作大观。

华严顶
孤光突起无依傍，四顾苍茫意渺然。
云影山光供领略，欲寻归路更流连。

（国立四川大学校刊 1941 年第 10 卷第 8 期）

晓行夹江峨眉道中
李思纯

秋晖淡白树微黄，清旷郊原带早霜。
晚稻尽芟冬水积，芳丛欲谢野花僵。
江边小市晨犹寂，画里名山远更苍。
静是烟云闲是鹭，却嗟行客去来忙。

（《国立四川大学校刊》1941 年第 9 卷第 12 期 ）

峨眉花朝后一日□集分韵得茂字

邓 涵

峨眉如美人，嫣然弄姿首。

万绿回春溪，白鸟争一候。

感此怀山灵，良辰逝难留。

行歌求和音，倜傥恣文酒。

同来八九辈，相招二三梦。

崇山峻岭中，春禊花朝后。

短羽随长风，十驾望犇骤。

遥怜江南春，台城自花柳。

裙履人已非，山河咸如旧。

不惜众芳芜，但伤萧艾茂。

大劫到陆沉，忧来令人瘦。

遐心向空谷，陈编送清书。

松杉资坐啸，泉石理间漱。

长笑英雄人，河清几时迁。

身外即浮云，不材天所厚。

金谷谁家子，征逐开醇酎。

歌扇摇春衫，醉舞飞罗袖。

强寻一晌欢，永遗千载臭。

何如文字饮，餐此名山秀。

少壮能几时，春酒介眉寿。

（《国立四川大学校刊》1942 年第 12 卷第 8 期）

乐西公路

周葵叔

通道西南徼，天荒破地层。

镂关征汉史，荷畚逮山僧。

客漫金牛比，疆从玉斧能。

相如曾谕蜀，露冕说台登。

大渡公无渡，冰层冒雪层。

苦寒吟魏武，劫火辨胡僧。

救死终难赡，程功或伐能。

累累江步路，京观背人登。（富林对岸临江堡京观累累然，盖擒石达开时所戮。）

地痛连山骨，雷轰震叠层。

金陵秦厌帝，伊阙魏尊僧。

自昔归空有，于今课宝能。

窾舟真暗徒，行客听鼋登。

漏天分大小，番社别支层。

娶妇恒多婿，生男半作僧。

三危西略远，诸葛七擒能。

蜀道难还易，梯航自此登。

闻道襄衣岭，穷荒百里层。

倚天遮越嶲，立石影番僧。

锢役凌冬苦，槎仙凿空能。

扪参绝飞鸟，何日快攀登。

凋年金口路，力尽铁山层。

道殚谁儿女，衣粮杂俗僧。

拔□丁岂在，立马客无能。

尽短催宵作，春台即渐登。

黄木泥头汛，陷河沙浪层。

多功宜凿禹，少粥莫供僧。

杜宇飞难到，鱼凫度或能。

瘴云新鬼哭，齐箓仰超登。（自过大相岭，无杜鹃至越嶲，复有之，过小相岭又无，越嶲得名以此。）

沉边天异色，紫打地翻层。

铁宰会擒石，金川可渡僧。

穿岩通马易，叶木□关能。

险尽邛都到，□泸话昔登。（由越嶲河道七场通冕宁至泸沽，所经皆山峡或穿岩石，以行陨一石，斩一木即可塞途，石被擒于此，今公路即取此线。）

（《国立四川大学校刊》1940年第9卷第6期）

抵峨眉后报香宋师

向仙乔

昔年索米长安日，曾与张侯订此盟。（庚戌在旧京张子和亲家时官邮傅部即订峨眉之约。）

劫外海桑随世换，客中秋月向人明。

快逢绝景思佳句，（师游峨眉诗多能成诵）老谢时流挟后生。

如此名山如此约，诗书何日报收京。

（《国立四川大学校刊》1940年第8卷第9期）

八周年纪念峨山果玲僧祝词

巍巍名山，堂堂学府。群贤作宾，愿王为主。齐征狂寇，同来兹土。布基报国，定址伏虎。兴亡共担，僧俗合组。拥我领袖，抗彼外侮。粤稽贵庠，历八星霜。三大合并，纪念堪扬。乘时庆祝，峨麓之阳。诗文之林，礼乐之邦。科哲萃荟，古色古香。山灵毓秀，发此奇光。溯我民性，于斯为盛。抗战军兴，西南尤劲。自古师资，程周马郑。桃李成林，雪云光映。诸大流离，此足借镜。八周纪念，合十相庆。既祝前因，复跂后尘。大庠迁峨，着手成春。才蔚国干，人为席珍。助山建设，护寺维新。结僧伽友，与山水邻。四海兄弟，无著天亲。

报国寺沙门果玲　恭祝

（《国立四川大学校刊》1939年11月11日）

国立四川大学八周年述感

周葵叔

八龄校历策先驱，三日於菟气食牛。

书矢盘庚初去亳，赋成王粲强登楼。

峨眉山月窥吟鬓，蜀国新霜迫暮秋。

欲叩牟尼观世法，何年归卧锦江头。

昕夕名山俨素心，转因多难怯登临。

支持老健唯疏酒，畔断牢愁付苦吟。

鸣雁雍雍初欲下，飞鸢跕跕又闻侵。

□迟自觉人天远，谁举灯窗惜寸阴。

本自灵陵大妙天，愿王银界涌青莲。

骑牛歌凤皆言教，伏虎降龙各解禅。

定慧新知难喻指，成均旧学始安弦。

分科设□多调护，莫问西方十种仙。

新校迥临崇丽阁，上庠原在蜀王宫。

中和讲德谁宣职，汉广江沱未变风。

自有星精输井络，敢云教化始文翁。

南迁北返非朝暮，愿揆车书万国同。

（《国立四川大学校刊》1939 年 11 月 11 日）

峨眉杂感

金孔章

峨眉山下苦幽居，弹指光阴两岁除。

乱世生涯伤铁律，漫天烽火暗金乌。

江湖落拓宁才短，狐鼠纵横怨略芜。

何日月明三五夜，轻舟重泛莫愁湖。

（《国立四川大学校刊》1941 年第 11 卷第 8 期）

和仙乔先生九日雨中作

果　玲

公本词华擅雨都，不期投老创山庐。

才流巾卷闻风至，讲座烟霞傍佛居。

报国寺留渔笛谱，（谓癸叔先生）罗峰庵重虎臣书。

安禅岂为重阳雨，翠竹黄花证自如。

（《国立四川大学校刊》1940 年第 8 卷第 4 期）

迁返成都
继往开来

迁返成都　重开新生

国立四川大学由成都迁至峨眉转瞬四载。当时迁校的动机，确实异常纯正。因为峨眉是四川最清静的名胜区域，所谓"峨眉天下秀"，是脍炙全国的一句名语。未到过峨眉的人或从稗官野史上所见到的峨眉，认为峨眉真是神仙的洞府，别有天地的快乐境界。在此抗战期间，空袭烦繁的时刻，把一个全川的最高学府——国立四川大学，迁到那里，以便师生埋头研究，并饱享名山胜景之乐与学问健康之进步，必一日千里。当时大家主张把川大迁至峨眉的原因，即在于此。

殊不知川大迁到峨眉以后，事实与理想恰恰相反。四年之中，全校师生艰苦备尝，交通阻碍，环境偏僻，气候恶劣，饮水不良，川大有形无形之损失，难以言喻，这真是出于当时主张把川大迁到峨眉的人的意料之外。

黄季陆校长先生于接长川大之后，目睹峨眉种种恶劣状况，实足以致川大之死命，故决把川大迁回成都。迁回成都后，从此川大可望复兴，前景可望光明了！本校师生欣跃鼓舞自不待言喻，即各界人士亦无不另具新观点以觇川大之成功！兹特分析川大迁回成都后之利益于次。

教授可望充实。川大教授原属人才济济，自来未感缺乏，但自迁至峨眉以后，因交通梗阻，过去原在川大执教的教授，或因交通不便，或因疾病缠绵，中途他去者亦日益增多。因之，原有老教授日见减少，而新聘者裹足不来，教授之缺额日多，课程开设不足，青年学子毕业之损失何等重大。今春川大迁返成都后，原有教授得以保留，而另任他校服务之教授相率仍返母校者日见众多，所缺课程亦可补足。因成都大学林立，只需出以相当聘礼，自不难罗致各科名教授授课。这是川大迁回成都后之胜利。

师生可望康强。峨眉气候恶劣实出人想象之外。因该地山高树密，四季阴霾密布，雨水不停。所谓"天无三日晴，地无三尺平"，可谓峨眉气候地理之写真。峨眉晴少雨多，是以湿气重重，大小蚊虫（墨蚊与长脚蚊）异常繁殖。一至夏秋之际，终日实不胜其烦扰！身体稍弱之人，无不被其征服。

无论如何，川大现在迁回成都了。其他各项进步此时不能言之太早，专是健康一点，我们看见许多师生由是灰色的面庞逐渐浸染了桃花色的血素，愁眉不展的状态已披上了春风和煦的袈裟，嘴角上显出微微的笑窝，从容徜徉于青草江边或大马路上。

川大迁回成都以后，师生健康已有长足之进步，这是一经留心观察即可见到的事。即以医药之便利而论，成都亦远在峨眉之上，所以在成都无病不会生病，有病亦易治疗。这是川大迁回成都后之利二。

研究精神提高。川大在峨眉时，因交通不便，缺额教授不易补充，所缺课程不易开足，即报章杂志图书仪器之设备颇困，又兼健康受不良之影响，是以研究精神之下降乃自然之结果。且一校孤立，更无其他大学可资比较，可资竞争，学术所受损失何等重大。今迁回成都，上列困难皆得解决，对课程本身当可日求健全，课外之研究活动，或其他之文化运动，又可大大展开。因近日之成都已为吾国政治经济文化重心之一，师生在此所受环境之刺激各有不同，必能各展所长，继续研究，继续发挥，占领文化上应有之地位。这是川大迁回成都后之利三。

人事联系加强。有人说："如果川大常摆在峨眉，将来的师生都会变成乡巴佬了"。这不是过甚之词，因为峨眉地势偏僻，环境恶劣，文化、设备上应有之物资短缺，而且与社会隔绝，与各界人士隔绝，常在峨眉住下去，无形间就落伍了。外面许多事、许多人都没有接触的机会了。今即迁回成都，中央往来成渝的领袖人们随时可以对川大指导，或亲临演讲，或指示机宜。同时，在省各机关首长，亦可随时协助匡扶。总之，无论中央与地方，都对川大应视为人才训练地之一，随时可予指示。将来政府不愁无可用之人，本校学生个个有相当出路，岂不两全其美？这是川大迁回成都后之利四。

环境日见改善。峨眉物质环境异常恶劣，如交通梗阻，气候不良，饮料危险等等，已如前述。而社会环境之恶劣，亦可与物质环境成正比。峨眉地既偏僻，寺庙栉比，山上山下僧人独多，而且此等僧人中多未受教育，谈不上修身养性，更谈不上佛学佛理，其中有类似奸商者，有类似恶霸者，有嫖赌鸦片无所不染者，其他为非作歹者更多，不必一一详述了。当然全部僧人中，也有善良高超的，不过寥若星辰而已。除僧人外，往来于峨眉道上者要算朝山拜佛的愚夫愚妇为多了。此类山客与僧人，给予青年的不良印象是很深刻的。而且学校的校地都在山脚下的大庙内，山客僧人进出于校门之纷扰，妨碍学生之学业也是不少的。又因为数年之内校区日益繁荣，人口日益增加，于是地痞流氓，奸商歹人，都逐渐侵入校区。例如奸商中的地方垄断，使峨眉的鸡蛋价格高出全中国任何地方之上，菜蔬高出四川各县之上，甚至卖瘟猪肉的、死牛肉的也公然设摊于校区之内。摆赌场的、开鸦片烟馆的、设妓寮的也在校区发现。据说，还有不少的土匪散居在校区附近。所以当时得峨山有"六不管"之称，这"六不管"就是中央不管、省府不管、县府不管、保甲不管、和尚不管、学校不管。此种无政府状态的地区，对于意志薄弱的青年，所可能发生的危险性是何等的严重。今川大既已迁回成都，峨山的黑暗可以扫清了。此地所接触的人都是各界首长，文化巨子，对前途有莫大之策励。这是川大迁回成都之后的利五。不过成都乃一花花世界，望青年自重，切勿走入堕落途径为幸！

空袭不必顾虑。峨眉为一疏散区，成都东郊——现时之川大校址仍为一疏散区。由疏散区迁至疏散区，其在疏散之意义上固完全相同。从上列一至五点言之，峨山不容许川大继续留居下去，因继续留居下去，实无异宣示川大之无期徒刑，而听其死灭。迁回成都，用费浩大，本学期内尚未能完全走入正轨，实为不得已之事。爱护川大者，以川大迁返成都后惟一可虑之点乃空袭问题。欲解答此问题，吾人必须明了：

（1）敌人之战略素无合理计划，完全任性胡为。所以任何地区都不能说是安全地区。故过去被敌机烂炸者，固有重要城市，而无辜之贫民区或乡村已有惨遭烂炸者。如此假设说成都不安全，峨山也同样不安全。

（2）敌人在中国各战区陷于泥潭，已没其足，而在太平洋战争中，更陷于深渊，已没其项，所以在事实上敌机必无多余的力量用之于非军事设备的地区。

（3）成都东郊之川大校舍系新式建筑，每座房屋距离颇远，不易受火灾波及，且在城外疏散区，师生员工避空袭亦颇便利。有此三点，可知川大在蓉之空袭问题实用不着顾虑了！

　　总之，川大在峨眉事实上已失去大学教育大部分之客观条件。虽以程前校长天放先生之苦心孤诣，深谋擘划，但亦不能打破此等天然的物质的客观条件所构成的困难。非久住峨眉者更不能理解此等困难。今黄校长季陆先生不辞艰苦，毅然决然将川大迁回成都，从此川大易于充实其大学教育应具备之条件。将来川大之前途实无限量。

四川省峨眉山管理局致峨眉县政府呈文，大意：国立四川大学迁返回蓉后所有新建校舍由该局接管后，部分留作公用，部分拍卖，所得款项留作该局兴办卫生院。（现藏于峨眉市档案馆）

坐落新址　肩负重任

　　四川古称天府，周秦的时候就已成为汉族滋生繁殖的主要地区。其对于中华民族文化的贡献，不仅因土地膏腴，气候良好，适宜于农业民族的生存，就是在工业方面，由于地下蕴藏的丰富和人力的充足，远在战国时代也已大露头角。秦汉时，四川盐铁铜等矿产及蜀锦的生产，其规模的庞大，和现在相较，也没有什么逊色。中国刻书始于隋唐而盛于五代，唐宋以后蜀版印行的书籍，流遍海内，对于学术上的贡献异常重大。汉唐以后四川名贤辈出，绝不是偶然的。

　　以言近代，辛亥中华民国的创立，即由保路运动开端。而今日，四川不仅是西南政治文化的重心，而且是抗战的最大根据地。国家的首都设在重庆，在成都这个和平静穆、风景秀丽、户口繁密的大城市中，有专科以上公私立小学十余所，公私立中学数十所，报馆十余家，图书馆、美术馆、公园、剧场一切近代文明的条件都已具备。我们川大,川西惟一的国立大学,就产生和长大在这个地方。

当我们想起先贤对于国家的贡献,和目前我们所负培养建国干部责任的重大,深觉大学本身在国家总动员中便是一个战斗单位。要完成我们的使命,我们需要站在国民和青年的前头,竖起鲜明的旗帜,把学校看作一个战场。明了这一点,我们才能彻底了解为什么学校急于迁回成都的原因。本年二月黄校长接长本校,第一件事便是看出峨眉尽管风景佳胜,然僻处山乡,风气闭塞,交通不便,绝非培养襟怀宽广、眼光远大、学识丰富的健全优秀人才,担当建国重任的所在,同时更知教职员学生也有相似的自觉,决计将本校迁回成都。

迁校工作于2月初旬开始至3月15日完成,在望江楼新址奠立建设的基础。自3月15日到今天半年多的时间,试回想学校所遭遇的困难和它克服的经过,可歌可泣的事情多不胜举。瞻望将来,虽然困难还是很多,半年来的奋斗已经使我们增加不少勇气。

当学校决定在寒假期内迁回成都,并定3月10日在成都开学的消息传出后,一般人,无论校内校外人士,都认为这是不可能的事情。撇开经费不谈,这老大的学府,有二千余教职员学生及一千余教员眷属和工人,有将近二十万的图书,有可装成数百大箱的理科仪器,有无数校具器材和行李,单说点验,就够叫人望而生畏。然而坚强的意志,可以克服一切困难,这一桩一般人认为不可能的繁重工作,终在人定胜天的原则下如期完成了。

校舍兴建

迁校工作虽能如期完成,跟着而来的这许多人住到哪里去呢?依照1935年学校和四川省政府所订的合同,皇城校址应由省府接收,而且经1939年以后的几次大轰炸,除掉军校所住的一部分外,完整的校舍已经所余无几,而望江楼新址的新校舍不但不够分配,而且有一部因悬案未决还不能接收,经过无数次的商洽,才从华西公司接收到图书馆大楼一幢、数理馆大楼一幢。这两幢房子单作教室、实验室、办公室都嫌不够,于是只好一面利用农学院旧有房舍节省使用，学生宿舍双人铺改住八人，以前农学院教授，分住房舍较多的也尽量让出。除新生院设在城内南较场本校旧址外，并在城内蜀华中学租借一部分房屋，加以修葺，作为教职员的临时宿舍。一面方以最快的速度加紧修建新校舍，半年来完成大小工程十余处，计有学生宿舍大楼未完工程及菊园、留青院、健廷园、华西村、回回坟等教职员宿舍，师范学院教室，山字形教室，饭厅兼礼堂，校长办公室及住宅，图书馆书库加楼，新生院草房教室、军校住房及大小修缮工程等，造价总数达一千一百余万元。从所花的建筑费的数字看来，觉得数目相当庞大，而实际上即使全部工程都已完成，也只能解决一时的房荒罢了。

设备充实

为应付目前迫切需要，这半年来学校对于设备的充实，以床、桌、椅、凳、橱、柜、电灯器材、盥洗用具及最必要的教学用具为主。其中较大的如添置双人床数百架十余万元，图书馆阅览桌二十余万元，电灯材料五十余万元，及购置运动材料、医药器材、实验用品，装设经济炉灶等总计共二百余万元。关于图书馆仪器等与教学直接有关的一切，目前尚在计划中，只有待将来的努力了。

师生人数增加

学校迁回成都的结果，第一件有利本校将来发展的事实，就是优良教师的容易聘请以及学生人数的激增。1943年1月，学年行将结束的时候，全校各系都感到教授人数的不敷分配，尤以理学院不敷最多，选修功课不能多开，连必修功课也有不能全部开设的。学校一到成都，这一个难题马上就得到解决。到本年暑假招生，各投考学生的踊跃打破历年的纪录，虽然尽量提高取录标准，所收一年级学生及插班生竟多达一千三百余人，较全体旧生人数为多。这一事实，证明一般社会人士及青年对于本校寄着无限的希望，他们都以能够进入此西南最高学府为荣。随着学生人数的增加，教职员人数也增加起来，半年来学校新聘的教授连兼任教授在内多达七十余人，职员增加人数亦与此相当。虽然若以本校现有学生人数与四川全省的人口相比较尚不及二万分之一，则将来的发展，正未可限量！

经费筹划

俗语说："万事非财莫举"。本校自开始迁校到现在，估计所用经费不下一千五百余万元，其中直接用在迁校的约三百五十万元，用在建筑设备的一千余万元，学校经常费全年不过三百五十万元，以目前物价而论，区区此数，维系现状都感困难，哪里还谈得上建设。当迁校工作开始的时候，据一般估计，全部迁完约需七百万元。黄校长知道这样巨大的一笔经费，如果要仰赖政府来负担，事实上办不到，但为学校的前途着想，不但迁校有绝对的必须，而且还要尽可能争取时间，只好先向四川省政府挪借三百五十万元。这一艰苦的工作能够顺利的完成，有一半的功劳，应归于四川省政府热心赞助。接着财政部批准由本校贷款二百五十万元，因为这一笔借款能够及时办到，才能够完成学生宿舍大楼未完的工程。但是借款的来源有限，学校的需要无穷，几经磋商接洽，经由学校与四川省政府成立协议，在省府应拨未拨本校的一千余亩土地中，由本校保留七百亩以备将来扩校舍之用，其余数百亩以每亩二万七千元的代价，改拨现款，这样才把第一期最低限度的校舍建筑计划次第完成。我们在看惯巍巍大厦之后，觉得这些低矮的平房，不能满足我们的希望，不知当局的人已为此呕尽多少心血。在说到经费筹划的时候，使我们想起一件值得大书一笔的事情，就是兰文彬先生为建筑教职员宿舍捐助我们建筑费一百万元，牛范九先生也答应捐助五十万元，还有水神阁的住持，将一生辛勤保管的房产，全部捐助给我们。川中父老不乏热心教育的人，今后继起为建设四川惟一最高学府而慨然解囊的，一定大有其人。

以上所述仅就其荦荦大端而言，其他如人事制度的确立，学术风气的提倡，良好校风的培养，学生品质的提高，清寒学生的救济，都是半年来学校当局所极力倡导的，因限于篇幅未能一一枚举。

今后展望

黄季陆校长对于办理川大的方针，虽没有明确而具体的表示，但从他平时的言行可以看出，在行政方面为建立制度，在训导方面为确立川大精神，在教务方面为提高知识水准，而最重要的原则，则为配合建国的需要，同时注重量和质的发展。我们知道四川除边省如新疆、西藏、蒙古等省以外，是全国面积最广、人口最多、蕴藏最富、人民最刻苦耐劳的省份。今日的四川是抗战的大后方，也是建国的大本营，以四川六千万的人口来估计，限定每一千人民需要一个大学毕业有专门学识的青年干部来领导建国工作，便需要培植六十万个大学生，退而减到十分之一也需要六万人，如果照以前的速度每年造就二三百人，要二三千年才能达到六万之数，要二三万年才能达到六十万之数。大学教育在蜗牛式的进展之下，要使国家一蹴而能成为富强康乐之国，是一件不可能的事情。由此我们知道新兴的美国为什么大学教育较其他欧洲国家特别注重量的发展。再以县为建国单位而论，四川现有一百三十余县，平均每县须有一百个大学生，这不能算是很苛刻的要求，也要一万三千人。假定每个大学每年只毕业二三百人，试问要多少年才能达到这个数字？因此使川大在三年内招足一万学生，从建设新四川和新中国的观点而论，不仅是应该的，而且是必需的事情。

黄校长计划，要在明年招足学生五千人，并增设工、商二个学院。依照最近各方面所拟的概算，建筑方面，须建工学院、商学院、男生宿舍、女生宿舍楼房四幢及其他附属建筑，约需国币四千万元，仪器设备约需国币三千万元，校具设备约需九百万元，图书设备约需五百万元，其他学术研究等设备约需三百万元，总计约需八千七百万元。当国家迫切需要建国人才的今日，当中华民族行将获得解放的现在，川大能够因各方面热烈的赞助而实现此伟大的建设计划，使在短期内能够为西南的最高学府，不独是四川全省人民之光荣，也是国家民族之大幸。

今日四川大学之使命 ①

国立四川大学成都同学会，为其母校由峨迁蓉，于 1943 年 5 月 6 日举行欢迎大会，献词如下：

> 蓉峨两地师友，阔别四年矣。此数年中，我母校愤倭寇之猖狂，开学府于峨山，集天下英才，树百年大计，弦歌不辍，蜀学重光，方之鹿洞鹅湖，未遑多让。此不仅我全校师友之光荣，尤为国家民族之庆幸。当此抗战接近胜利之际，还校蓉垣，复其旧观，更期发扬教化，育渥家邦，宏建设之规模，负四方之瞻望。此时又欣逢我第十二届同学毕业之期，本会同仁，弥增兴奋。谨以最大热忱，举行隆重欢迎大会，竭其忠诚，贡献一言。

川大十二年历史，可分为三期。一曰创造时期。母校成立之初，王、任、张三校长，苦心孤诣，艰难缔造，增聘名流学者，崇尚严肃校风，注重物质建设，提倡学术研究。七八年间，奠基根基，宏具规模，成绩斐然，国人共誉。二曰发展时期。程校长时代，母校播迁，锐意经营，乃有研究所之设立，院系之扩充，经费之增加，设备之充实，与夫士气之弘毅，学风之诚朴，以视国内各大学，尚无惭色。可谓"国立四川大学，早植成都之基，近挹峨眉之秀。十年教训，已见亲师安学之功；五院弦歌，克广成德达材之效"。回忆十二年来，我母校成长于国难之中，其所创造之光荣史绩，对国家之伟大贡献，可想见矣。三曰极盛时期。自母校返蓉以后，形势转入极盛之新阶段。黄校长受中央之重托，承众望之所归，尤□惕励，厘定校政方针，一为教育应与战争相配合，二为教育应与实用相配合。力求革新，迈进不已。

夫四川为复兴民族根据地，国立四川大学为西南最高学府，故今日之川大，实为复兴民族根据之根据。是以川大之兴废，即为我全族盛衰之所系，文化荣枯之所系。惟其如此，国难愈趋严重，川大所负之时代使命，

---

① 原文为陈怀容于川大由峨迁蓉欢迎会上的献词，载于《杂说》1943 年第 4 卷 第 2 期 。

更千百倍于往昔。吾人于此极盛初期，不敢引以为自满而自骄，当求更进一步之奋斗与努力。其所应努力之趋向如何？一言以蔽之，惟在"复兴民族文化"而已。近人常云"中国国民对于西洋文化，由拒绝而屈服；对于固有文化，由自大而自卑"。近复昭示国人，务使学术切合于人生日用，文化归本于建国基础，后复六艺教育之精神，发扬固有文化之光辉。对于西洋文化，应为中国之独立自强而学，亦当为中国之独立富强而用，实概乎言之矣。我母校当今之急务，要在发皇川大过□伟大精神，更创造未来光荣记录，以期与先进各国著名大学并驾齐驱，同时撷取欧美学术之精华，复兴民族悠久崇高之文化，使之发扬光大，并对世界文化建立一最光明之灯塔。此同人所愿贡献于我返蓉师友者一也。

政治风气之转移，尤赖于社会风气之改造，而教育实为改造社会风气之动力。我民族复兴与根据地之大学师友，改造社会风气，实责无旁贷。吾人固尝以"国士之风"自勉，以"天下之任"自负。中国文化政治之重心，随北伐成功，由北方转移于南方，今又因抗战军兴，由南方转移于西方。所谓"时势造英雄"，此正吾人千载一时之报国良机。孟子云："待文王而后兴者凡民也，若夫豪杰之士，虽无文王犹兴。"征诸往古，我国每当民族盛衰存亡之秋，必有独特之政治家与学者兴起，担当旋乾转坤，改造风气之责任。孟子斗杨墨正人心，奠定中国正统思想之基础。韩愈斥佛老倡集权，远开北宋道学之先河。诸葛武侯以讨贼雪耻，激励国民之志气，以开诚布公纠正浮华之风俗。范仲淹著四论以正颓废思想，兴学校以养经济之才。明末清初，则有张居正，以"实学实用"指导思想，以"返本复古"挽救民风。继之而其者，则有顾、黄、王、颜、曾、胡、左、李诸大儒，咸以经世之学就民族，以性命之学道人心。彼辈政治家与思想家，对于民族精神之存养，与固有道德之锻炼，皆有其千秋不朽之功业。吾人当可闻风而兴起矣。兹当我第十二届同学毕业盛会，吾人深感庆幸者，乃在民族活力之充实，与国家元气之增强。今后我校师友尤应发愤图强，为天下先，转移风气，为全国劝，使我母校成为移风易俗，改造社会之枢纽。且以"天下为公"之精神，与"先忧后乐"之抱负，遵奉国父遗教，"以吾人数十年必死的生命，立国亿万年不死的根基"。此同人所愿为我返蓉师友贡献者二也。

大学毕业生之与母校，关系至深。大学办理完善，其毕业生在校受优良教育，出校必为社会中坚；而毕业生事业之成就，亦即为母校之光荣，增加母校在社会之地位。可谓休戚相关，荣辱与共，实相辅而相成。证之欧美各国著名大学之历史，莫不皆然。目前我校为适应战时需要，应扩充切于使用之院系，增设各主要学科之研究所，务期教育与地方应国家之建设相配合，广培人才，蔚为国用。至于大学毕业生之事业，固有赖于母校经常之指导与有力之扶助，更易于成功。国内大学，不乏先例。但我同学为求立事立功，不应徒存依赖之心，坐致因循之渐；更宜发愤为雄，而以深造是志。试思我毕业同学三千余人中，其升学国内研究院所者，固不乏人，而留学国外者，尚属寥寥。今日吾人事业之局促，往往怀才莫用，未足以遂其报国之宏愿者，非无由矣。以吾人经年之经验，当深知猛省，速图有以补救之道，仰有进者。今日之时代，乃"科学的群众时代"。抗战建国之大业，非加强团结，集中力量，不足以竟全功。我校师友先后达五千人，其团结奋斗之史迹，固已昭然。吾人为建设新西南计，为建设新中国计，为完成对世界人类所负之责任计，自必更有需于我师友之亲爱精诚，团结努力，互相扶助，互相攻错，由敬业以及乐业，推一隅而至于全国，合吾校师友五千之团结力量，以期其发荣滋长于无穷。百世之后，亦可保证我全民族之团结。此同人所愿贡献于我返蓉师友三者也。

凡此诸端，皆其荦荦大者，仅于此欢迎大会之时，略陈于我师友之前，并对我国内外为抗战建国之师友，深致慰问之诚。平等新约缔成，同盟胜利在望，吾人甚愿相与勠力，无间生死，以求达中国之独立平等，进而与世界各国共同负担世界永久和平与人类自由解放之责任。最后以至诚至敬之热忱，谨祝我母校校运昌明，与国运隆盛之无疆也。

返蓉后教职员统计

本大学规模宏大，员生众多，为西南各学府之冠。兹向有关方面访得校职员人数实况：

一、校长办公室——设秘书1人（教授兼），助理2人，事务员1人，试用译电生 1 人。

二、教务处——设教务长 1 人（教授兼），主任 3 人，助理员 1 人，组员 12 人，馆员 10 人，书版整理委员会干事 1 人，图书校勘员 1 人，事务员 13 人，书记 8 人。

三、训导处——设训导长 1 人（教授兼），主任 4 人，训导员 4 人，助理 2 人，组员 2 人，教官 10 人，助教 2 人，国术指导 1 人，校医 1 人，药剂师 1 人，司药 1 人，护士 4 人，事务员 2 人，书记 2 人。

四、总务处——设总务长 1 人（教授兼），主任 4 人，建筑委员会总干事 1 人，副工程师 1 人，组员 15 人，事务员 13 人，书记 14 人，干事 1 人，会计 1 人，营业 1 人，助理 1 人。

五、会留室——设主任 1 人，佐理员 7 人，事务员 4 人，书记 2 人。

六、文学院——设院长 1 人（教授兼），文科研究所主任 1 人（兼），系主任 4 人（兼），教授 17 人，副教授 15 人，讲师 16 人，助教 8 人，打字员 1 人，书记 1 人。

七、理学院——设院长 1 人（教授兼），理科研究所主任 1 人（兼），系主任 4 人（兼），专修科主任 1 人（兼），教授 24 人，副教授 5 人，讲师 9 人，助教 18 人，助理研究员 2 人，管理员 2 人，助理 1 人，观测员 1 人，打字员 1 人，绘图员 1 人，采集员 1 人，书记 3 人。

八、法学院——设院长 1 人（教授兼），主任 3 人（兼），教授 24 人，助教 9 人。

九、农学院——设院长 1 人（教授兼），主任 6 人（兼），教授 25 人，副教授 5 人，教师 6 人，助教 19 人，助理 1 人，助理员 11 人，总干事 1 人，技士 1 人，事务员 2 人，书记 3 人。

十、师范学院——设院长 1 人（教授兼），主任 7 人（兼），教授 20 人，副教授 5 人，讲师 14 人，助教 19 人，干事 1 人。

十一、共同必修科教员——教授 1 人（兼），副教授 1 人（兼），教师 10 人。

十二、新生院——设主任 1 人（兼），助理 1 人，事务员 2 人。

十三、附属中学——设校长 1 人（兼代），教务主任 1 人，事务员 1 人，书记 2 人，教员 9 人，教员干事 1 人，教练 1 人。

十四、附属小学——设校长 1 人（代），教员 10 人，文书兼事务 1 人。

以上 14 部门教职员人数总计为 522 人。

附　录

一　国立四川大学临时迁移委员会经过报告书

（现藏于四川大学档案馆）

第一目

國立四川大學臨時遷移委員會組織綱州

第一條　本委員會根據本校三十七年校字第三……

第二條　本委員會以……秘書長……課……室……

第三條　本委員會分設……
……裝備運輸……
……工務……
……秘書……
……女人……由校長就本校教職員中指定……

第二項

第二節　閣於實施之建置及新……

第三節　閣於遷移及保存之……

第四節　閣於工程之建築修理……

第二目　閣於移動經費同預算書

第一節　閣移費支出……對照表

第三節　閣遷移……損失物件之……數目及根……

第四條　經費股……

第五條　裝備股……

第六條　運輸股……

第七條　工務股……

第八條　專責……等事項

第四條　經費股掌管……

第五條　裝備股掌理……

第六條　運輸股掌理……

第七條　工務股……

第八條　專責……等事項

第九條　專責……

第一節　閣於修建……

本會依據本校……行政會議決議……
……遷移委員會……工程股……
連棻棶地區……
……設計……院……組圖書儀器……

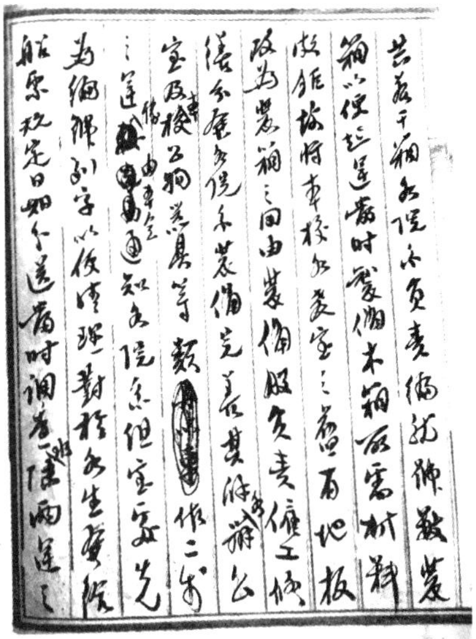

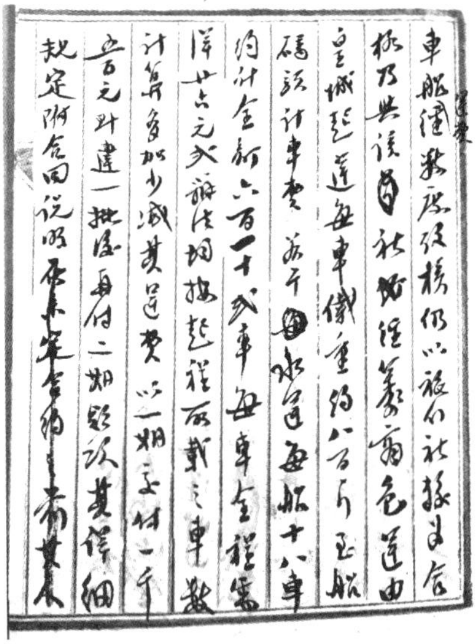

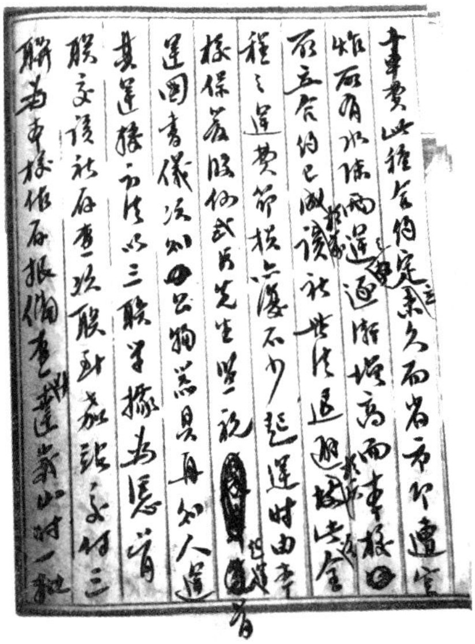

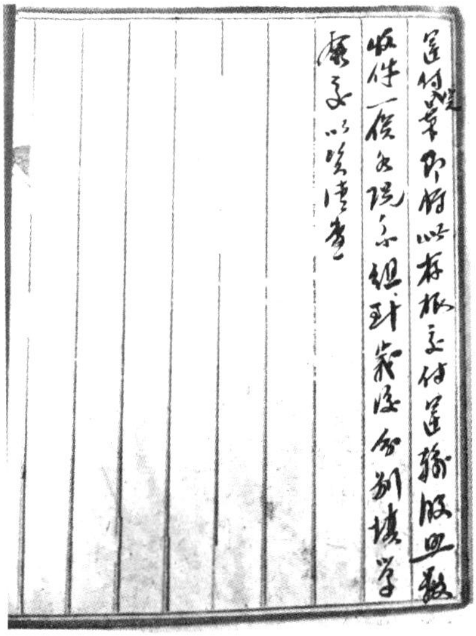

二　国立四川大学迁回本校委员会职员服务规则

（现藏于四川大学档案馆）

国立四川大学迁回本校委员会职员服务规则

一、本會職員服務依本委員會之規定辦理。

二、職員於辦公時依照本會辦理時間及個人應辦事宜及准假。

三、職員到校由委員長或監生核報委員長直屬各股正副主任核示工作。

四、職員因故公開、應向委員長請假。

五、職員到公時間早上八時至十二時，下午一時至五時。

六、職員請假因病或因事得書面報告經各主任核准後施行。

七、職員請假逾限未銷假視同曠職論。

八、職員曠職如查有虛偽情事併委託同事人代班情節得議。

九、職員因事不到公者依除其應銷狀況食補助費按日扣除。

八、凡為加班伙食補助費經請校本部加倍計算其本薪。

二、旨以上應至校查情形其本事亦戡。

十、職員如有病因二冊每週辦照服務狀況主任聞大使。

六、經會議以辦法及納懲罰目及休假公及董審院核轉。

六、經本條服務其此審日期陷突列經日期及每日工作情形。

六、應隨時以書面圓報本會經核銷雇記情查遣遺暇斷論。

九、經秘書會議主任委員批准副于權發之處理。

九、本批處董委主任審委批准之日施行

三　国立四川大学向教育部请示迁回成都的呈文

（现藏于四川大学档案馆）

四　国立四川大学迁回本校委员会各股
第十二次会报纪录

（现藏于四川大学档案馆）

国立四川大学迁回本校委员会各股第十二次会报纪录

日期：卅二年三月十五日下午二时

地点：峨山本校师范学院本会办公处

出席者：刘觉民　李兴定　赵香明　邵泽民　徐先谟
周荆人　沈超（黄大宾代）

主席：刘觉民

纪录：邵泽民

一　报告事项

秘书长略报：今日为本会各股最后一次会报，在未商讨如何结束以前请各股先行报告工作情形。

1. 总务股报告

2. 图书股报告

a. 校具及图书运存装备及运输情形。

b. 图书仪器运输所需平舺数量。

二　讨论事项

秘书长致词略报：本会业于三月正式开始迁校工作，现兹会迄于今已……

a. 三月十二日曾在保宁寺筹备集合各股负责同仁拟商本会办公处如何结束云云。

b. 本股所发先行赴宏教职员卑票费及行李旁费叶公于本月十日截止后……

c. 代运输股向存徐家编校具承运人交涉经过。

2. 装备股报告

1. 本会办公处即日截止办公。

决议：本会即日截止办公。

2. 本会分别予以奖励至颇至辞本会部份未完工作拟另派人员办理云云。

决议：馆邵泽民周荆人沈超三人办理仍分别负责辞务、装备、运输完备。

至运党举一日辞除各部份份得视需要……

二人协助辞理各部份事宜，雕本质俸停一额文曰「国立四川大学」。

3. 運回本校委員會留戴辦事處，以便辦公。

4. 本校在戴部份即將撤空留守人員閒過如何辦決案。
決議：在福記包飯每人每週發給飯費壹百元正不另發伙食津貼。

5. 運輸服務生請求伏食津貼如何辦理案。
決議：到崇後由運委會員負全責。

6. 校長捐發獎金。
決議：本辦法俟發給車票費及行李費貴者如何辦案。

7. 校長離渝時曾囑遣委會作人員另募行別戴醒山旅行一次本本處院善。

8. 秘書長宣讀致　黃校長電文（成都四川大學遷校長李盤旅膩通知各宣作周仁。
決議：應為發養定明日（十六日）中午在麗江畢行由總務膩膩膩辦理案。

9. 本處經費支出各項如何結束案。
決議：侯金部撤究到崇後正式辦理結束。

決議：即刻發出。

資遣勵賞費氏叩明]

決議：侯金部撤究到崇後正式辦理結束。

---

10. 辦公人員住屋費貴不數立歀如何補助案。

11. 本處未完間支職費伤投照原規定毋日每人伍拾元交通費伙食支賣報。
決議：留備用金肆萬元正。

12. 戴職員私人拆卸房屋木料運款以公車券運費如何杜絕案。
決議：已匯夾本料通如本會成都辦事處不發運輸費令後倘尚有同樣事件發生遣委會槪不負任何責任日裝備運輸兩部份員責人乎。

（最後一次會紀錄——完——）

國立四川大學遷回本校委員會留戴辦事處會議紀錄

日　期　三十二年四月四日

地　點　戴眉山報國寺本處辦公室

出席者　邵澤氏　沈起　周菊人

主　席　邵澤氏

　　　　　　　　紀錄

一、報告事項（畧）

二、討論事項：

1. 本辦事處如何結束案？
決議：本處完於本月十二日結束俟偏車輛運滯候兩阻陽某先事宜留沈起
負責辦理另館職員四八校工四人伏食補助費一律發至運輸完畢

國立四川大學遷回本校委員會留戴辦事處會議紀錄

日　期：三十二年四月四日
地　照：裁員山報國寺本處辦公室
出席者：邵潭氏　沈　起　周菊人
主　席：邵潭氏
　　　　　　　　妣　錄

一、報告事項（畧）
二、討論事項：

1. 本辦事處如何結束案？
　決議：本處定於本月十二日結束兩車輛遷佛陰司組陽未完事宜留沈起負責辦理另留職員四人校工四人其伙食補助費一律發予運輸完畢

10. 辦公司出差費不數之數之數如何補助案
　決議：食宿費仍按原規定每日女仆伍拾元交通費實支實報。

11. 本處未完開支應留現款若干備用案
　決議：留備用金肆萬元正。

12. 數職員私人拆卸房屋本科溢以公車裝運如何杜絕案
　決議：已運走本科通知本會成都辦事處不裝運費今後備有同樣事件發生通知本會概不負任何責任由裝備運輸兩部份負責人予以拒絕。

（最後一次會報紀錄——完）

之日為止。

2. 張漢根請領赴蓉車票費及行李費如何辦理案？
　決議：張漢根在運輸服務山站服務未先按期其領持予通融照發但不能再乘校車亦不得藉故離本大學現職否則全部追還。

3. 遺委會所餘空木箱如何裝運案？
　決議：全部折讓。

4. 校會門窗如何折卸行裝？
　決議：由本處估卸部誰如何裝運？

5. 自即日（四月四日）起文理三院校具圖書儀器等件高電汽車九輛板車二十七輛如何辦理案？

6. 本大學所在之各大寺院如何繼續保留案？
　決議：着由本處術告各大林將軍府門首文云：「查本處邊校工作尚未完畢，凡本大學租用房屋，無論任何機關團體，概不得入內佔住。此告」劉寄復再請學校出具文告以昭鄭重。

　　　　　　　　　　　　　——完

五　1943 年 2、3 月，四川省第五区行政督察
专员兼保安司令公署、交通部乐西公路工程处、
成都警备司令部、新津县政府发给峨眉、
乐山、成都及新津县属各乡镇公函，
请各地区给予川大迁回成都沿路便利
（现藏于四川大学档案馆）

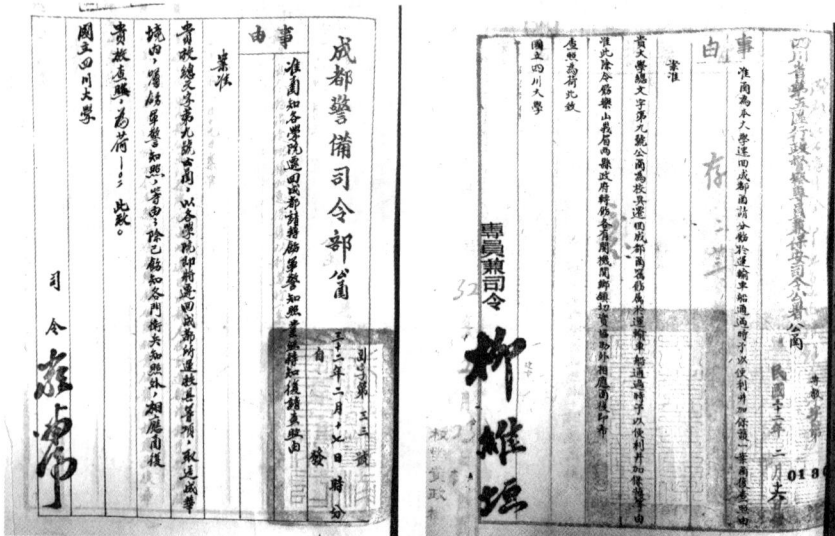

新津县政府

国立四川大学

后 记

　　抗战时期四川大学南迁峨眉办学四年有余，这是峨眉山市和四川大学共同经历的一段难忘岁月，是校地共融的一段佳话，可惜少有著述将这段历史呈现于世人眼前。沉睡的历史并不只是沉睡，随着时间滚滚向前的车轮，历史会更加的模糊，直至被彻底遗忘。

　　政协峨眉山市委员会满怀热情希望钩沉这段历史，四川大学中国西南文献中心闻之也颇为兴奋，两家一拍即合，就四川大学南迁峨眉资料收集与整理一事联合立项，本书就是该项目的成果之一。

　　感谢政协峨眉山市委员会、峨眉山市档案馆的大力支持和协调，四川大学中国西南文献中心才能组织派遣 4 批次 40 余名工作人员赴峨眉数字化整理峨眉山市档案馆藏 12000 卷民国档案。感谢杜大鑫、李明月、刘卫三位博士不辞辛劳的带队在峨眉工作。感谢四川大学档案馆的大力配合，给我们提供便利的查阅条件。感谢袁欢、李杨、易艳丽、徐瑶艺四位硕士研究生查阅相关报纸杂志并录入文档。感谢峨眉山市政协周健、樊廷举、邹利琼、杨涛、孙旭培、赵敬忠、刘友箭诸位同志的协助、原址寻访和校勘。

　　本书的资料主要来源于峨眉山市档案馆藏民国档案，四川大学档案馆藏民国档案和《国立四川大学校刊》。编著时，在保留资料原意基础上，我们对资料原文行文风格作出适当调整，既要适应当代读者的阅读习惯，也要保留当时的语言风格。四川大学在峨眉办学长达四年，校事校闻数不胜数，我们挑选具有代表性的资料进行归类整理，突出展现四川大学南迁峨眉期间的校风校貌、工作生活，此即呈现于读者面前的篇章结构。本书所用资料全部形成于民国时期，在资料转录和校对方面我们丝毫不敢怠慢，但总有不足之处，恳请读者批评指正。

吕毅

2019 年 12 月